人間関係形成能力

を育てる

学級経営

365日

ガイドブック 1年

赤坂真二 著
北森 恵

明治図書

シリーズ発刊に寄せて

　これは学級づくりのマニュアル本でも教室の人間関係づくりのハウトゥ本でもありません。子どもの人間関係形成能力を育成するためのガイドブックです。

　今なぜ人間関係形成能力なのでしょうか。人間関係形成能力は，人とのつながりや信頼関係を構築する能力のことといわれます。コロナ禍で一般社会では，テレワークが導入される中で，これまで以上に人と人のコミュニケーション不足や，コミュニケーションの取り方について考えさせられた人たちが多くいたことでしょう。それは学校現場でも同じだったのではないでしょうか。

　人間関係形成能力は，学習指導要領が改訂されて，対話，協働と盛んにいわれるようになって注目の度合いが増しました。多様な他者の考えや立場を理解し，相手の意見を聴いて自分の考えを正確に伝えることができるとともに，自分の置かれている状況を受け止め，役割を果たしつつ他者と協力・協働して社会に参画し，今後の社会を積極的に形成することができる，こうした能力が社会で求められるようになってきているからです。

　優秀なビジネスパーソンの共通点として，対人関係能力，人間関係構築力が優れていることも挙げられます。良好な人間関係を築くことでビジネスもうまくいきます。現代はチーム力の時代といわれます。人間関係が良好であればコミュニケーションが活発となり，情報も多く共有できるでしょう。ビジネスパーソンと表現すると，大手企業のエリート社員のことだと誤解されるかもしれませんが，広く会社員，個人事業主，フリーランスの方々を含みます。ビジネスに関わる方々が口を揃えて言うことは，「仕事はご縁でやってくる」ということです。

2

クライアントや顧客との信頼関係を築くためにも，人間関係形成能力が活かされます。彼らの状況を良く理解して話を聞くことができれば，相手のニーズに合わせることができるでしょう。困った時などにもきちんと対応することができ，信頼性が高まります。信頼関係を築くことで，彼らと深く継続的につながることができ，多くのクライアントや顧客を得ることができるようにもなるでしょう。

　もちろん，子どもたち全てがビジネスパーソンになるわけではありませんが，豊かな人間関係が幸せをもたらすことに対して疑念を抱く人はそう多くはないのではないでしょうか。豊かな人間関係を築く力は，生きる力であり，私たちが幸せになるための必須条件と言えるでしょう。愛する子どもたちの幸せになる力の育成に寄与できるだけでなく，本シリーズにはもう一つ大きなメリットがあります。

　人間関係形成能力は，単なるつながるスキルを身に付ければいいというものではありません。愛を伝えるスキルを学んでも，そこに愛がなかったら愛は伝わりません。同様に，スキルをホンモノにするためには，根底の考え方が伴っていることが必要です。本シリーズには，なぜそれをすると人間関係形成能力が身に付くのかという基本的な考え方も示されています。それを知ることで，指導する教師自身も幸せな生き方を学ぶことができます。

　だから，「私，ちょっと人間関係苦手かも」と感じている方こそ，手にとって実践することで，子どもたちと共につながり上手になっていくことができるでしょう。だからこその365日なのです。人間関係形成能力は１日にしてならず，なのです。本シリーズを小脇に抱えて，試行錯誤を繰り返してみてください。きっと，本シリーズは心強い学級経営の伴走者になってくれるはずです。

　クラスの安定は，子どもたちのつながりの質と量によって決まります。他者とつながる力を付けた子どもが増えれば増えるほど，学級は安定するので

す。しかし，クラスには，様々な事情で人とつながるのが苦手な子がいます。いいのです。みんなみんな同じ能力をもつ必要はありません。また，教師がしゃかりきになって，その子と他の子をつなげようとしなくてもかまいません。つながる力をもつ子が多くなれば，誰かがつながってくれます。教師はその様子を見付けて，にっこり微笑んで喜ぶことで，子どもたちはつながることの価値を学ぶことでしょう。

　そうした意味で，本シリーズはこれまでの，教師が子どもをつなげてまとめようとするクラスづくりから，子どもたちのつながる力を育てることによって学びやすく居心地のいいクラスづくりへと発想の転換を促す「挑戦の書」でもあります。

　本シリーズは３章構成になっています。第１章は，日本人の幸福感とつながりの関係を国際調査の結果等を踏まえながら，人間関係形成能力の育成の必要性を考察します。驚くようなというか日本人として心配になるような結果が示されています。第２章は，各学年を担当する執筆者たちの人間関係形成能力をどう捉え，どのように育成していくのかという基本的な考え方が示されています。第３章は，その考え方に基づく１年間にわたる実践です。すぐに実践編を読みたくなると思います。とても力強い実践群です。しかし，それを本質的に理解するためには，第２章を必ずお読みいただければと思います。

　各学年を担当するのは，１年生，北森恵氏，２年生，岡田順子氏，３年生，松下崇氏，４年生，深井正道氏，５年生，宇野弘恵氏，６年生，髙橋朋彦氏です。勉強なさっている方なら，彼らのお名前をどこかでお聞きになったことがあるのではないでしょうか。お気付きになっている方もいるかもしれませんが，2022年３月に発刊した『個別最適な学び×協働的な学びを実現する学級経営』の執筆メンバーです。この書籍は，私がメンバーにインタビューし，それをまとめたものですが，頁数の関係でかなりの内容を泣く泣くカッ

4

トしました。そこでぜひ，この素晴らしい実践を，時系列で年間を通じた形でお伝えしたいと思い本シリーズが実現しました。

　北森恵氏は，これまで多くの崩壊したクラスを立て直してきました。現在の勤務校では，UDL（Universal Design for Learning）を実践し，校内を巻きこんで個別最適な学びと協働的な学びの実現に尽力中です。

　岡田順子氏は，大学院で協同学習における対人技能学習の効果を研究しました。前任校の新潟大学附属長岡小学校勤務時には，いくつもの学級経営の講座を担当し，学級経営に関する情報発信をしてきました。

　松下崇氏は，若い頃から教育サークルを立ち上げ，仲間と共に力量を高めることに邁進してきました。なかなか共有の難しい自治的集団の育成ですが，長年の探究に基づく発信で注目されています。

　深井正道氏は，30代前半で都心部の学校の研究主任に抜擢され，学級活動と教科指導を連動させた独自の研究を進めてきました。保護者，地域を巻きこみ子どもの自尊感情を高めた研究は高く評価されました。

　宇野弘恵氏は，数多くの書を発刊しているので多くの方がお名前をご存知でしょう。ご自身では感覚的と言いますが，その実に緻密で周到な学級経営，授業づくりは，著書の読者や講座の参加者を唸らせています。

　髙橋朋彦氏も，明治図書の『ちょこっと』シリーズや算数の指導に関する書籍でよく知られています。明快な文章で繰り出される本質を突いた提言は，これまで積み重ねてきた圧倒的な勉強量を感じさせます。

　原稿執筆段階では，SNSで執筆者グループを作り，原稿がアップされる度に拝読していました。どれもこれも濃密かつ秀逸で，一刻も早く皆さんにお届けしたいと思うものばかりでした。是非，本シリーズを活用され，子どもたちの人間関係形成能力の育成に役立てていただきたいと思っております。

2024年3月　赤坂真二

まえがき

「つながる力」って，何でしょうか。

教員をしている友人たちに聞いてみると，こんな答えが返ってきました。

・相手を知ること

・教員と子どもの縦のつながり，子ども同士の横のつながり

・人に貢献しようとする行動や，人にヘルプを出せるような学び合い

・相手の思い描くこと（未来）を想像して行動すること

「つながる力」と一言で言っても，そこから想起されることは様々です。そして，そのどれも大切なことです。

　私が，「つながる力」と聞いて思い出す子がいます。Mさんです。

　Mさんは，「変わった子」という申し送りの子でした。ふわふわと雲の中にいるかのような言動をしているかと思いきや，注意した男性教員に「は？誰に言ってんの？」と反抗的な態度を取り，怒り狂って机を投げるようなこともありました。当時Mさんのクラスは学級崩壊状態であり，彼の言動は荒れを助長しているかのようにも見えました。

　そんな彼のいる学級を受け持つことになり，付き合っていくと，飄々として見える反面，とても繊細な心をもっていることが分かりました。無事1年が終わろうとしていたとき，お母さんからお電話をいただきました。

　「先生，あの子は先生に会えて幸せだと思います。Mは勉強が苦手ですが，授業は楽しいって言うんです。みんながあれこれ意見を出して，それを先生

が嬉しそうに見ていると，『いいね，いいね』と思うらしくて」

　Mさんは，確かに勉強は好きではありませんでした。でも，授業にはいつも積極的で，ユーモアもあって，そんなMさんのつくる楽しい雰囲気に私も助けられていました。

　結局，Mさんとは，４年生から６年生まで担任として伴走しました。その後，Mさんが卒業してから，偶然街中でお母さんにお会いしました。

　「Mは，ちょっと中学校の生活がつらいらしいですが，そんな時は思い出すんだそうです，先生とみんなと過ごしたことを。子どもにとって，小学校で素敵な先生や友達と出会うことは，その後の人生の支えになるんですよ」

　つながる，というのは，案外そういう素朴なことなのかもしれません。Mさんのように，思い浮かべるだけで，力をもらえる「何か」があること。子ども時代につながった経験は，その後のつながる力の源となっていくのだろうと思います。

　つながる力があれば，どんな困難に出会っても「きっとなんとかなる」と自分自身を鼓舞することでしょう。それは，学びへも転化され，学ぶことが孤独な作業ではなくなり，自分も友達も幸せになる方法を探していきます。それがゆくゆくは，社会へと還元されていくことを願っています。彼らが，彼ら自身の手で社会をよりよいものへと変えていく……夢のようなことだと思いますか。でも，教員はそういう奇跡を起こせる仕事だと思います。

　この本に書いたことが，読まれた方の心に，小さくても大きく広がっていく波紋となって，誰かとつながる一助になりますように。

北森　恵

目　次

シリーズ発刊に寄せて　2
まえがき　6

第1章　なぜ，いま「つながる力」か

1　世界の中の日本人の幸福度 …………………………………… 12
2　私たちの幸福度 ………………………………………………… 14
3　日本人のつながり方 …………………………………………… 18
4　「閉じた乏しい人間関係の」国，日本 ……………………… 19
5　人間関係形成能力と学習指導要領 …………………………… 22
6　人間関係形成能力とは ………………………………………… 25
7　安全基地と仲間 ………………………………………………… 27
8　今こそ，他者とつながる力を子どもたちに ………………… 29

第2章　すべては安全基地からはじまる

1　1年生担任のミッション ……………………………………… 34
2　自らつながりを求める子どもに ……………………………… 38

第3章　人間関係形成能力を育てる学級経営365日　1年

1　春休み　自分からつながる

1　子どもたちとの出会いに向けて園とつながる ……………… 46
2　入学式に向けて同僚とつながる ……………………………… 50
3　1年生担任でつながる ………………………………………… 53
4　自分のための時間をもつ ……………………………………… 60
Column 1　「謙虚さ」の罪 ……………………………………… 62

2 　4月　3つの基地をつくる

1　入学式で「学校」びらき ……………………………………………… 64
2　学級びらき ……………………………………………………………… 71
3　学年びらきで，つなぐ大人の手を増やす …………………………… 80
4　授業びらきで，つなぐ手をつくる …………………………………… 83
5　3つの基地をつくる …………………………………………………… 88
6　担任としての5つの決意 ……………………………………………… 95

3 　5〜7月　自らつながる集団づくり

1　学級目標で学級づくりに参画する …………………………………… 101
2　係活動 …………………………………………………………………… 106
3　当番活動 ………………………………………………………………… 111
4　つながりを感じながら学習の舵取りにチャレンジする …………… 121
5　共感して聞くスキルを養う「学級会」……………………………… 129

4 　夏休み　仕事・自分・子どもたちのための1か月

1　夏休み前半〜勤務日・夏休み明けの自分のために〜 ……………… 134
2　夏休み中盤〜「自分の」夏休み〜 …………………………………… 138
3　夏休み後半〜勤務日・夏休み明けの子どもたちのつながりのために〜 …… 139

5 　9〜12月　3つの基地から船で漕ぎ出す

1　「ゆらぎ」を防いでつながる …………………………………………… 142
2　行事でつながる ………………………………………………………… 148
3　リーダーとつながる …………………………………………………… 153
4　3つの共感力でつながる ……………………………………………… 164
5　学ぶ集団としてつながる ……………………………………………… 170

6 　冬休み　所要時間5分の「のりしろ」づくり

1　3学期への「のりしろ」………………………………………………… 180
2　ひとくふう ……………………………………………………………… 181

7 1〜3月 「思い」を大事に過ごす3か月

1 話し合いの集大成 ……………………………………………… 182

2 6年生とのつながりに感謝する ……………………………… 187

3 学級じまい ……………………………………………………… 194

Column 2 隣のクラスも幸せにする …………………………… 200

あとがき　202

第1章

なぜ，
いま「つながる力」か

1 世界の中の日本人の幸福度

　国連機関である「持続可能な開発ソリューション・ネットワーク」(SDSN) は「World Happiness Report（世界幸福度報告書）」の2023年版を発表しました[1]。2012年から（2014年を除く）各国の約1000人に「最近の自分の生活にどれくらい満足しているか」を尋ね，0（完全に不満）から10（完全に満足）の11段階で答えてもらう方式で，国ごとの幸福度を測定しています。なお，この主観的判断には，以下の6つの項目が加味され，判断されます。

・1人当たり国内総生産（GDP）

・社会的支援の充実

・健康寿命

・人生の選択における自由度

・他者への寛容さ

・国への信頼度

　各年発表の数値は，過去3年間の数値の平均です。つまり，2023年のものは，2020～2022年の3年間で，新型コロナウイルス感染症の影響が出た全期間の初めての調査結果となります。

　これによると，日本のスコアは6.129，順位は137カ国中47位。スコア，順位とも前年（6.039，146カ国中54位）からは改善しました。ただ，G7，主要7カ国では最下位という結果でした。一方，日本で学力調査等でしばしば比較対象とされるフィンランドは，今回の幸福度のスコアは7.804で，順位は6年間連続の1位でした。上位は欧州の国々が目立ち，北欧5カ国が7位までに入りました。

　この調査によると，日本のランキングは，60位から40位の間を推移してきました（2014年を除く）（図1）。失われた30年とも40年とも言われ，目に見える経済成長がなされない日本ですが，それでもGDPは高く，社会保障制

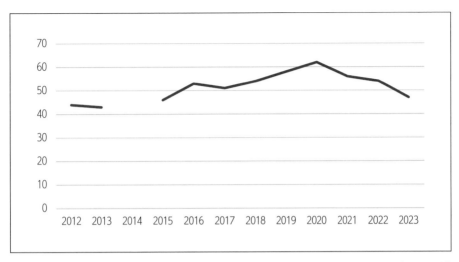

図1 「World Happiness Report（世界幸福度報告書）」における日本の順位の推移（筆者作成）

度も比較的充実しています。近年治安の悪化が指摘されてはいますが，まだまだ治安は良く，暮らしやすい環境が整っているといえます。「World Happiness Report（世界幸福度報告書）2022」では「1人当たり国内総生産（GDP）」「社会保障制度などの社会的支援の充実」「健康寿命」「人生の選択における自由度」の数値だけを見ると，日本は，ランキング上位国とさほど大きな差がありません。それにもかかわらず順位が上位にならない理由としては，「他者への寛容さ」と「国への信頼度」が低い点にあることが指摘されています。同報告書の2023年版でも「1人当たり国内総生産（GDP）」や「健康寿命」の高さの一方で「人生の選択における自由度」や「他者への寛容さ」の低さが指摘されています。

　健康寿命が長く，経済水準も低くない水準で充実しているこの日本で，私たちが幸福感を抱きにくい要因があるとしたらどのようなものなのでしょうか。

2 私たちの幸福度

　リクルートワークス研究所（2020ａ）が，日本・アメリカ・フランス・デンマーク・中国で働く2500名を対象に，個人と企業における人間関係の有り様について調査した「５カ国リレーション調査」というものがあります[2]。ここでは，幸福感と社会的関係つまり，つながりについて様々な角度から調べ，国際的な比較を試みています。図２は，この調査における「現在，幸せである」との問いに対する回答です。

　日本と他国を比べてわかるのは，「非常にそう思う」「そう思う」の割合の低さです。他国が，幸せの実感に対して肯定的に答えている割合が８割近くあるのに対して，日本は，５割を切っています。私たちの国では，「幸福である」といえる人は，半分もいないということになります。

　また，図３は，「これからの人生やキャリアを前向きに切り開いていける」

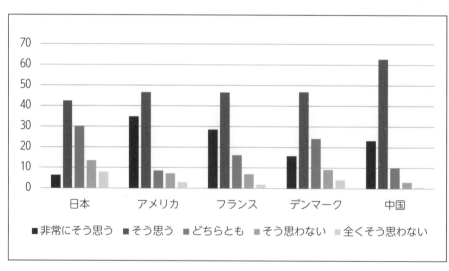

図２　「現在，幸せである」に回答した割合
（リクルートワークス研究所，2020ａをもとに筆者作成）

14

との問いに対する回答です。これも「非常にそう思う」「そう思う」の割合が３割程度で，他国の８割程度と比較して少ないことがわかります。今後，変化の速さも大きさも増大することが予想されているこれからの時代，ある日突然仕事を辞めるようなことになったり，転職することになったりすることが予想されます。自らの力で，キャリアを創っていく姿勢が求められる状況ですが，他国に比べて日本は，そうしたことに対する見通しや自信が，もてていない状況がうかがえます。

　さらに，図４は，「突然会社を辞めることになっても，希望の仕事につける」との問いに対する回答です。やはり，これも「非常にそう思う」「そう思う」の割合が２割程度で，他国の５割〜８割程が肯定的に回答しているのに比べて，その割合が少ないことがわかります。これには単なる私たちのマインドの問題だけでなく，社会的な仕組みや環境も影響していることでしょう。日本は，長く終身雇用制度を取り入れてきたことや，「一を以て之を貫く」のような価値観があって，勤め先を転々とすることはあまりよくないの

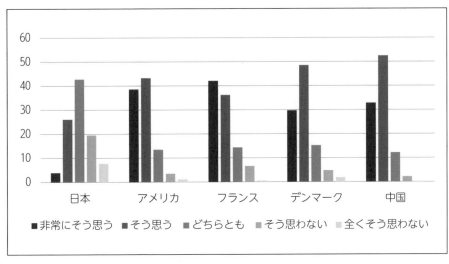

図３　「これからの人生やキャリアを前向きに切り開いていける」に対する割合
（リクルートワークス研究所，2020 a をもとに筆者作成）

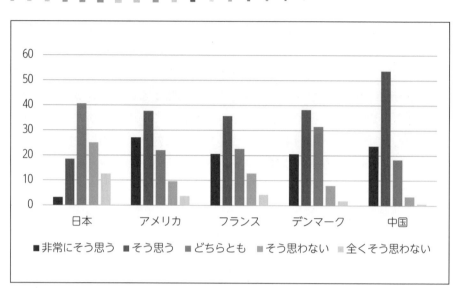

図4 「突然会社を辞めることになっても，希望の仕事につける」に対する割合
（リクルートワークス研究所，2020ａをもとに筆者作成）

ではないか，という風潮も影響していると思いますが，変化が激しく流動的
なこの時代を生きる人のマインドとしては心許なさを感じる人もいるでしょ
う。

　これらの結果から，日本人は，幸福であると自覚している人が２人に１人
程度で，これからのキャリアを自分で切り開いていける自信や今勤めている
会社を突然辞めることになっても自分の希望の仕事につくことができるとい
う見通しをもっている人たちの割合が，他国に比べて少ないことが見えてき
ます。

　リクルートワークス研究所（2020ｂ）が「５カ国リレーション調査」に基
づき，提言をまとめた「マルチリレーション社会―多様なつながりを尊重し，
関係性の質を重視する社会―」では，図５，図６のようなデータを示し，次
のようなことを指摘しています。少し長いですが，重要な指摘だと思います
ので，そのまま引用させていただきます（図５は，つながりの多さによる幸

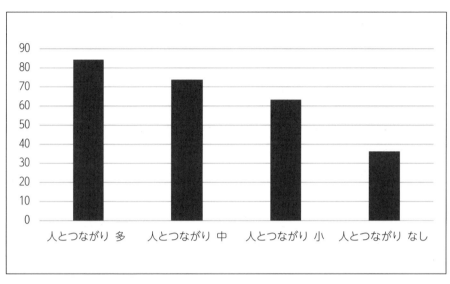

図5　つながりの度合い別の幸福を感じている割合
（リクルートワークス研究所，2020 b をもとに筆者作成）

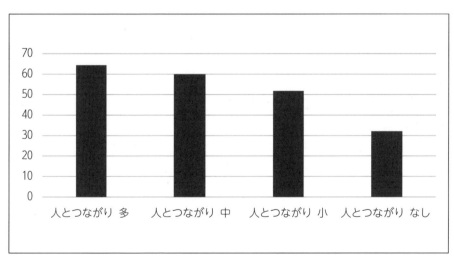

図6　つながりの多さ別の希望の仕事につける割合
（リクルートワークス研究所，2020 b をもとに筆者作成）

福を感じる割合の違い，図6は，つながりの多さによる仕事を辞めることになったときに，希望の仕事につけるという見通しや自信をもっている割合の違いを表しています）。「人が生きていく上で，『幸福感』や『希望の仕事につける』という感覚はとても大切です。わたしたちが行った国際調査からは，交流のある人間関係を持っていない『人とのつながりなし』の場合，幸福を感じる割合が36.3％に留まるのに対し，交流のある人間関係の種類が多く，さらにその人間関係を通じて活力や挑戦の後押しを得ている『人とのつながり 多』の場合は84.3％に高まることが分かりました。実に48％ポイントもの差が生まれています」[3]

　データを見ればわかるように，もっているつながりが多い方が，より幸福感を感じ，突然今の仕事を辞めることになっても，より希望する仕事につけるという実感をもつ割合が増すことがわかります。さらに注目したいことは，つながりの「多い」，「中」，「少ない」の各程度間で比較するとその差は10％程度なのに対して，「つながりなし」と答えている人たちは，もっとも数値の近い「つながり小」と答えている人たちと比較しても20％近く差があることです。つながりが「ある」と答えている人たちと「ない」と答えている人たちでは，随分世の中の見え方が異なり，また，生きづらさも違っているのではないかと思われます。

3　日本人のつながり方

　この提言書からは，日本人の独特のつながり方が見えてきます。「５カ国リレーション調査」では，「交流のある人間関係」を「つながり」としていますが，具体的には以下の14のつながりを指します。

・家族・パートナー

・親戚

・社会人になる前の友達

・一緒に学んだ仲間
・趣味やスポーツの仲間
・地域やボランティアの仲間
・勤務先の経営者
・勤務先の上司
・勤務先の同僚
・勤務先の部下
・社外の仕事関係者
・以前の仕事仲間
・労働組合
・政治家

　交流の様子が複数回答で示されていますが，どの国でも「家族・パートナー」（約70〜89％）「勤務先の同僚」（約65〜77％）は，選択される割合が高く，人間関係の2本柱となっています。特に日本は，「家族・パートナー」が88.6％と高く，家族が社会関係の基盤になっている国であることがわかります。また，職場の人間関係は，「勤務先の同僚」だけでなく「勤務先の上司」「勤務先の経営者」「社外の仕事関係者」「以前の仕事仲間」と幅広く想定されていて，「勤務先の同僚」や「勤務先の上司」の割合の高さは5カ国で大きな差がありませんが，「勤務先の経営者」「社外の仕事関係者」「以前の仕事仲間」になると，日本におけるそれらの割合の低さが目立っています。日本は，人材の流動性が低いためでしょうか，仕事の人間関係が社内に閉じてしまっているといえそうです（前掲）[4]。

4 「閉じた乏しい人間関係の」国，日本

　また，どの国でも高い傾向にあるものとして，「社会人になる前の友達」の割合が挙げられており，日本でも6割を超えています。友人の存在の大切

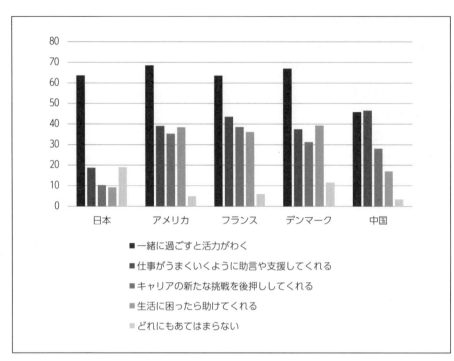

図7 社会人になる前の友達との付き合い方
（リクルートワークス研究所，2020bをもとに筆者作成）

さは言うまでもありませんが，「一緒に学んだ仲間」「趣味やスポーツの仲間」「地域やボランティアの仲間」など，家族や仕事を離れたつながりの割合は，日本は他国に比べてかなり低くなっており，社会に出た後，人間関係が広がっていないことがうかがえます。

　では，「社会人になる前の友達」とどのようなつながり方をしているのでしょうか。学校教育段階で子どもたちがどのようなつながりをしているのか，学校関係者としては気になるところではないでしょうか。同調査では，つながり方を「一緒に過ごすと活力がわく」「仕事がうまくいくように助言や支援してくれる」「キャリアの新たな挑戦を後押ししてくれる」「生活に困ったら助けてくれる」「どれにもあてはまらない」を視点に，それぞれの割合を

20

見ています（図7）。

　ここからわかることは，日本の社会人になる前の友達とのつながりは，ア メリカ，フランス，デンマークと同様に共に過ごし活力を得るという性質の ものであることです。しかし，一方，「仕事がうまくいくように助言や支援 してくれる」「キャリアの新たな挑戦を後押ししてくれる」「生活に困ったら 助けてくれる」といった生活支援的なかかわりが低くなっています。

　私たち日本人の社会人になる前の友達とのつながり方は，一緒に過ごして 楽しい気分を味わったり，それによって活力を得たりしているようですが， 仕事やこれからの人生にかかわることの相談をしたり，生活に関する援助を 求めたりするような間柄ではないようです。

　こうした日本人の他者とのつながり方を見ると，社会人になる前の友達と は，一緒に楽しく過ごすことはしても，人に悩みを打ち明けたり，助けを求 めたりしたりはしないようです。また，社会人になってからは，その付き合 いは，家族と勤務先の同僚に狭まり，とりわけ，家族の比重が高いつながり の中で生活をしているといえます。これらの調査結果から，日本人のつなが りは，家族中心で，それ以外の人たちには**「閉じた」乏しい人間関係の有様** が見えてきます。

　日本社会は，よく「失敗ができない社会」とか「やり直しが利かない社 会」とか言われますが，一緒に楽しむ仲間はいるけど，キャリア支援や生活 支援を相談したり要請したりできる仲間がいないという日本独特とも見られ る人々のつながり方にその一因があるのかもしれません。また，日本人にと ってつながりの中心にある家族や職場も安定しているものとはいえません。

　少子高齢化の中で，生涯未婚率も上昇しています。結婚していること，子 どもがいること，つまり家族がいることが前提の社会が崩れようとしていま す。また，企業の平均寿命が，20年と少しと言われる今，これはどんどん短 くなることでしょう。終身雇用はほぼ崩壊し，短いサイクルで職を変えなく てはならない世の中になっています。また，日本人がつながりにおいて，頼 みの綱とする家族も同僚も今や，とても危ういものになっているわけです。

これらのデータからわかるように，人はつながりがある方が幸福感は高くなります。また，ポジティブな状態をひけらかすことを嫌う日本の風土をいくらか差し引いても，日本人の幸福感が他国と比べて低いのは，つながりが家族や同僚など一部に限られていることが影響していそうです。さらに，学業とともに社会や世間を学ぶ学生の頃に築いていた人間関係は，相談，助け合いなどのソーシャルサポートとは異なる，楽しむことを中心としたレジャー的でイベント的なつながりであることがわかります。社会人になってから，ハプニングやトラブルの当事者になると，誰にも相談できずに路頭に迷う人が多くなるのは，人からの助けを求める，人を助けるなどのソーシャルサポートにかかわる経験値が足りないからなのではないでしょうか。

5 人間関係形成能力と学習指導要領

　このように人にとってつながりとは，幸福感やキャリア形成に関わる，生きる力というよりも生きることに直結することがわかりますが，学習指導要領において，つながりをつくる力の育成について述べられたのはそんなに以前のことではありません。

　平成20年改訂の小・中学校学習指導要領の特別活動の目標において，「人間関係の形成」について記載されました。小学校では次のように書かれています。「望ましい集団活動を通して，心身の調和のとれた発達と個性の伸長を図り，集団の一員としてよりよい生活や人間関係を築こうとする自主的，実践的な態度を育てるとともに，自己の生き方についての考えを深め，自己を生かす能力を養う」。なぜ，人間関係の重視が叫ばれるようになったのでしょうか。当時の学習指導要領の指針となった答申には次のようなことが指摘されています[5]。

「・学校段階の接続の問題としては，小１プロブレム，中１ギャップなど集団への適応にかかわる問題が指摘されている。

・情報化，都市化，少子高齢化などの社会状況の変化を背景に，生活体験の不足や人間関係の希薄化，集団のために働く意欲や生活上の諸問題を話し合って解決する力の不足，規範意識の低下などが顕著になっており，好ましい人間関係を築けないことや，望ましい集団活動を通した社会性の育成が不十分な状況も見られる。」

　ここには，社会の変化の影響を受け，子どもの人間関係の希薄化や集団への貢献意識や，協働による問題解決能力の低下などの問題が指摘されています。これまで人間関係の形成を目標にしてこなかった学習指導要領が，それを目標に据えたのは，いじめ，不登校，日常化していく学級崩壊などの問題が看過できないものとして認識されたからに他なりません。

　当時の文部科学省で教科調査官をしていた杉田（2009）は，人間関係形成能力に関して次のような認識を示しています[6]。「人間関係の悩みは誰もがもっているものです。その意味で，人間関係形成能力は『性格』ではありません。人間関係を結ぶ力が性格だとしたら変えるのは非常に困難であり，『私には無理』という思いから，あきらめてしまう人が多くなるでしょう。人間関係形成能力も性格ではなくて学ぶことができる力，つまり『学力』なのです」[7]。

　国が学習指導要領に人間関係の形成に関して記載する前からも，学校現場の教師たちは，教師と児童生徒，そして児童生徒同士の良好な関係性の重要性を認識し，それを育成していたことでしょう。ここに来て，社会の変化，それに伴う児童生徒の実態に対応し，人間関係形成能力が学びの対象となったことがわかります。

　では，現行の学習指導要領では人間関係形成能力はどのように捉えられているのでしょうか。学習指導要領では，3つの資質・能力の育成がねらわれています。このことは読者の皆さんに「釈迦に説法」だとは思います。しかし，現場の先生とお話をしていると，この3つのことは知っているけど，中味まではよく知らないという方もいます。確認のために記載しておきます。

⑴知識及び技能が習得されるようにすること。
⑵思考力，判断力，表現力等を育成すること。
⑶学びに向かう力，人間性等を涵養すること。

　この３つ目の「学びに向かう力，人間性等」の中で，次のことが書かれています[8]。

> 　「児童一人一人がよりよい社会や幸福な人生を切り拓いていくためには，主体的に学習に取り組む態度も含めた学びに向かう力や，自己の感情や行動を統制する力，よりよい生活や人間関係を自主的に形成する態度等が必要となる。これらは，自分の思考や行動を客観的に把握し認識する，いわゆる『メタ認知』に関わる力を含むものである。こうした力は，社会や生活の中で児童が様々な困難に直面する可能性を低くしたり，直面した困難への対処方法を見いだしたりできるようにすることにつながる重要な力である。また，多様性を尊重する態度や互いのよさを生かして協働する力，持続可能な社会づくりに向けた態度，リーダーシップやチームワーク，感性，優しさや思いやりなどの人間性等に関するものも幅広く含まれる。」

　前学習指導要領と連動していた前生徒指導提要には，生徒指導の意義のなかで「生徒指導とは，一人一人の児童生徒の人格を尊重し，個性の伸長を図りながら，社会的資質や行動力を高めることを目指して行われる教育活動のこと」と書かれています。社会的資質とは，人間関係をうまく遂行するために欠かせない能力のことであり，社会性や社交性，コミュニケーション能力，共感的な行動能力などが含まれますので，人間関係形成能力と極めて似た概念です。
　つまり，前学習指導要領では，いじめ，不登校，学級崩壊等の問題を背景に生徒指導のねらい達成のために人間関係形成能力が捉えられていたと考え

られます。そして，前生徒指導提要によれば生徒指導は，「学校の教育目標を達成する上で重要な機能を果たすものであり，学習指導と並んで学校教育において重要な意義を持つもの」（この生徒指導の捉えは，令和4年12月改訂の新提要でも同様）ですので，人間関係形成能力は，学校教育の柱の一つのねらいのまた一つと捉えられていたことがわかります。

しかし，現行の学習指導要領は，改めていうまでもなく，3つの資質・能力をねらって設計されているものです。また，「知識及び技能」の習得と「思考力，判断力，表現力等」の育成は，「学びに向かう力，人間性等」の涵養に向かって方向づけられるという構造をもちます。つまり，人間関係形成能力の育成は，現学習指導要領のねらいそのものといってもいいと考えられます。

6 人間関係形成能力とは

では，人間関係形成能力とはどのような能力をいうのでしょうか。小学校学習指導要領（平成29年告示）解説，総則編では，人間関係形成能力という文言そのものは，出てきませんが，「人間関係」という文言は，79カ所見られます。そのうちその育成にかかわるだろうと思われる「よりよい人間関係」という文言は28カ所になりますが，それが具体的にどのようなものであるかは明記されていません。

一方，キャリア教育のなかに，人間関係形成能力という文言が見られ，その内容が記載されています。人間関係形成能力の前に，キャリア教育について簡単に整理しておきましょう。文部科学行政関連の審議会報告等で，「キャリア教育」が文言として初めて登場したのは，中央教育審議会「初等中等教育と高等教育との接続の改善について（答申）」（平成11年12月16日）です。新規学卒者のフリーター志向の広がり，若年無業者の増加，若年者の早期離職傾向などを深刻な問題として受け止め，それを学校教育と職業生活との接続上の課題として位置付け，キャリア教育が提唱されました。

その後，国立教育政策研究所生徒指導研究センターが平成14年11月，「児童生徒の職業観・勤労観を育む教育の推進について」の調査研究報告書をまとめ，小学校・中学校・高等学校を一貫した「職業観・勤労観を育む学習プログラムの枠組み（例）—職業的（進路）発達にかかわる諸能力の育成の視点から」を提示しました。この「枠組（例）」では，「職業観・勤労観」の形成に関連する能力を，「人間関係形成能力」「情報活用能力」「将来設計能力」「意思決定能力」の４つの能力領域に大別し，小学校の低・中・高学年，中学校，高等学校のそれぞれの段階において身に付けることが期待される能力・態度を具体的に示しました。

　それから様々な議論が重ねられ，キャリア教育における基礎的・汎用的能力を構成する能力として，「人間関係形成・社会形成能力」「自己理解・自己管理能力」「課題対応能力」「キャリアプランニング能力」の４つが整理されました。文部科学省の「小学校キャリア教育の手引き—小学校学習指導要領（平成29年告示）準拠—」（令和４年３月）によれば，これらの能力は，包括的な能力概念であり，必要な要素をできる限りわかりやすく提示するという観点でまとめたものです。この４つの能力は，それぞれが独立したものではなく，相互に関連・依存した関係にあり，特に順序があるものではなく，また，これらの能力をすべての者が同じ程度あるいは均一に身に付けることを求めるものではない，とされています[9]。

　同手引きには，社会形成能力と共に人間関係形成能力は，次のように説明されています（文部科学省，前掲）[10]。

　「『人間関係形成・社会形成能力』は，多様な他者の考えや立場を理解し，相手の意見を聴いて自分の考えを正確に伝えることができるとともに，自分の置かれている状況を受け止め，役割を果たしつつ他者と協力・協働して社会に参画し，今後の社会を積極的に形成することができる力である。
　この能力は，**社会との関わりの中で生活し仕事をしていく上で，基礎となる能力**である。特に，価値の多様化が進む現代社会においては，性別，

年齢，個性，価値観等の多様な人材が活躍しており，**様々な他者を認めつつ協働していく力**が必要である。また，変化の激しい今日においては，**既存の社会に参画し，適応しつつ，必要であれば自ら新たな社会を創造・構築**していくことが必要である。さらに，**人や社会との関わりは，自分に必要な知識や技能，能力，態度**を気付かせてくれるものでもあり，**自らを育成する上でも影響**を与えるものである。具体的な要素としては，例えば，他者の個性を理解する力，他者に働きかける力，コミュニケーション・スキル，チームワーク，リーダーシップ等が挙げられる。」　　（太字は筆者）

　国の示したこの人間関係形成能力への認識は，これまで示したいくつかのデータと符合するものです。つながりは幸福感と直結し，つながりは変化の激しい時代においては自分の人生を創っていくとても重要なものだと言えます。そして，その重要性は今後益々増していくと思われます。

　しかし，先程，日本人がつながりの中心とする職場の同僚と家族も安定したものではないと指摘しました。私たち日本人は，どのようなつながりをもっていったらいいのでしょうか。

7　安全基地と仲間

　先程紹介したリクルートワークス研究所の「マルチリレーション社会―多様なつながりを尊重し，関係性の質を重視する社会―」（前掲）では，様々なつながりの中で，注目すべき性質として「ベース性」と「クエスト性」の２つを挙げています[11]。ちなみにこの調査におけるリレーションとは，互恵的で，豊かな質をともなう関係性のことです[12]。「ベース性」とは「ありのままでいることができ，困ったときに頼ることができる安全基地としての性質」，「クエスト性」とは「ともに実現したい共通の目標がある，目的共有の仲間としての性質」と説明されています。私たちが幸福になるためには，人間関係における安全基地と仲間としての機能が注目されるということです。

これは，かつての拙著でも「チーム」と「ホーム」という概念で説明することもできます。

「ホーム」とは，現在の姿の肯定，関係性の維持によるエネルギーの保持，増幅ができる集団のことをいいます。一方「チーム」は，協力的関係と機能的な役割分担によって目的達成を志向する集団のことです。

「ホーム」は居心地がよいのですが，成長や発展が少なく，人々がもつ達成への欲求が十分に満たされるわけではありません。また，「チーム」は，目的達成への参画によって，成長や発展がもたらされますが，モチベーションの維持や生産性の向上への努力や対人関係が損なわれるリスクを常に負い続けなくてはなりません。人が幸福感を感じるには，それぞれの個性に応じて両方がバランス良く確保される必要があると考えています。

「マルチリレーション社会—多様なつながりを尊重し，関係性の質を重視する社会—」（前掲）では，このベース性のあるつながりとクエスト性のあ

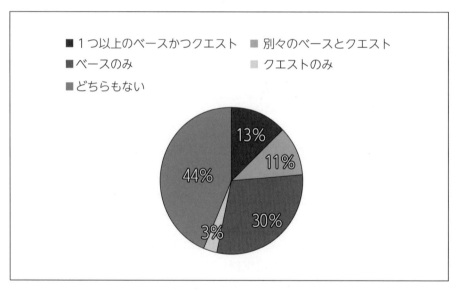

図8　働いている人のリレーションの持ち方
（リクルートワークス研究所，2020ｂをもとに筆者作成）

るつながりの確保状況について興味深い調査結果（「働く人のリレーション調査」）を紹介しています[13]。この調査は，全国に居住する，25-64歳の男女就業者を対象として，そのつながりの特徴を明らかにしたものです（図8）。

　図8を見るとわかるように，働いている人のうち，ベースかつクエストの機能をもつリレーションをもっているは13％，2つのリレーションを別々にもっているのは11％で，両方をもつのは，24％でした。また，どちらかをもっているのは，33％でそのほとんどがベース機能のリレーションでした。一方で，両方をもっていないのは44％であり，本調査は「リレーションをもつことは，今や，決して当たり前ではなくなった」と結論付けています[14]。

　本調査を私なりに解釈すると，働いている人のなかで，ホームとチームの両方をもっているのは4人に1人程度で，どちらかをもっているのは3人に1人でそのほとんどはホームであり，チームをもっているのは極僅か，そして，両方をもたない人が4割程度もいるのです。働いていても4割が豊かなつながりをもてないでいます。つまり，わが国の就業者において，安心や成長の時間を感じることができている人は，4人に1人，そのうち1人は，安心感はあるものの成長実感に欠け，残りの2人は安心感も成長実感も薄いということが推察されます。これは正に冒頭に紹介した，日本人の2人に1人は，幸福感を感じられていない状態と符合するのではないでしょうか。

8　今こそ，他者とつながる力を子どもたちに

　これまで学校教育において人間関係づくりは，いじめ，不登校，そしてときには学級崩壊の予防策として注目されることがありました。現在も人間関係づくりに注目し，尽力される学校はそのような目的で実践されていることでしょう。それは大筋で間違っていないと思います。むしろ，これからも積極的に進められていくべきでしょう。

　しかし，これまでの実践には，教師が子どもたちをつなげようと頑張りすぎるあまり，「仲良く」，「みんな一緒に」を強調するがために，同調圧力の

ような閉塞感を生んでしまうようなこともあったと思われます。同調圧力に対する忌避感からか，学校関係者の中でも，「ゆるいつながり」や「つかず離れずの関係」など耳当たりのよい人間関係が指向されるようになりました。それらのイメージが誤っているとは全く思いませんが，その実現はとても難しいと感じています。

　耳当たりのよさの一方で，他者に必要以上にかかわらない「冷たい関係」を助長してしまっている場合もあるのではないでしょうか。私たちが成長，発展するためには，「耳の痛い話」をしてくれる人も時には必要です。「耳の痛い話」は文字通り，痛みを伴います。中途半端な関係性でそれをすると関係が破綻してしまうことがあります。目の前の子どもたちの関係性を見てみてください。全肯定するか，全否定するかの極端な関係になっていませんか。肯定の関係は，他者が何をやっても「いいね」「ありだね」と認め，一緒にいる分には，まあまあ楽しいし独りぼっちになることはありません。否定するのは精神的に疲れますから，今の子どもたちは「かかわらない」という選択をしているのではないでしょうか。

　「ゆるいつながり」とは，余計な干渉はしないが，困ったときは助け合うわけであり，ネガティブな部分を他者にさらけ出す必要が出てきます。接近と回避の中間に立つ，とても難しい関係です。そこにはそれ相応の信頼関係が必要となります。耳当たりのいい話は，実現するときには，大抵の場合，多大なコストがかかるものではないでしょうか。

　学校教育が忘れてはならないことは，「子どもたちを幸せにする」ことです。そして，さらに大事なことは「子どもたちが幸せになる」力を育てることではないでしょうか。われわれの幸せの実感が，つながりの量と質に関係しているのだとしたら，学級をまとめるためではなく，子どものたちの幸せのために，ある程度の量があり，かつ良質なつながりのある学級経営をしていく必要があるのではないでしょうか。

　そして，それ以上に大切なことは，子どもたちが自らつながり，自らのネットワークを構築するような能力を育てることではないでしょうか。まとま

りのいい学級づくりや仲間づくりといったこれまでの学級経営の流れは，もちろん無視できないくらい大切な営みであり続けるでしょう。ただ，それはともすると，教師や社会性のあるクラスメートに依存する受身体質の子どもたちを一定数育ててしまっている可能性があります。これからは，子どもの幸せになる力を見据えて，自ら安全基地と仲間といった幸福感の基盤となるような人間関係をつくる力を引き出し，育てる学級経営をしていくことが求められているのではないでしょうか。

　今世の中はデジタル化，DX 化によって，人と人とが直接触れ合わなくてもいいような道具と仕組みの整備が進んでいます。コロナ禍はそれを加速させると同時に，なんとなく人々がもっていた人と人とが関わることに対する煩わしさに対する正当性を与えることに一役買ったように思います。それまでは，たとえ面倒でも人づきあいは大事にした方がいいと消極的に関わっていた人たちに，関わらなくてもいいとお墨付きを与えたのではないでしょうか。

　しかし，本章における調査等から私たちが幸福感と共に生きるためには他者とのつながりが重要な鍵を握ります。学校教育では，子どもの「将来のため」に学力をつけるために，教育内容やカリキュラムが整えられ，授業法の工夫もしています。ところがその一方で，人とつながる力については，そうした体制による整備は十分とは言えず，学校任せ，個々の教師任せになっているのではないでしょうか。

　人とつながる力が必要なのは，何も子どもの「将来のため」ばかりではありません。いじめは勿論，不登校も個人的要因よりも教師や子ども同士の関係性要因から起こっていることが近年の調査からわかってきました。教室の心理的安全性を脅かすのは，なによりも人的リスクです。つまり，子どもにとって教室における最大の脅威は人間関係なのです。将来の幸福だけでなく，子どもの「今ここ」の幸せのために，他者とつながる力をつけることは，学校にとって大事なミッションなのです。

【参考文献】

1 持続可能な開発ソリューション・ネットワーク「World Happiness Report 2023（世界幸福度報告書2023年版）（第11版）」2023年（https://worldhappiness.report/ed/2023/　閲覧日2023年7月20日）

2 リクルートワークス研究所「Works Report 2020　5カ国リレーション調査【データ集】」2020年a（https://www.works-i.com/research/works-report/item/multi_5.pdf　閲覧日2023年8月16日）

3 リクルートワークス研究所「次世代社会提言プロジェクト―マルチリレーション社会：個人と企業の豊かな関係―」「【提言ブック】マルチリレーション社会―多様なつながりを尊重し，関係性の質を重視する社会―」2020年b（https://www.works-i.com/research/works-report/2020/multi_03.html　閲覧日2023年11月1日，https://www.works-i.com/research/works-report/item/multi2040_3.pdf　閲覧日2023年8月16日）

4 前掲3

5 中央教育審議会「幼稚園，小学校，中学校，高等学校及び特別支援学校の学習指導要領等の改善について（答申）」平成20年1月17日

6 杉田洋『よりよい人間関係を築く特別活動』図書文化，2009年，pp.160-161

7 前掲6

8 文部科学省『小学校学習指導要領（平成29年告示）解説総則編』東洋館出版社，2018年

9 文部科学省「小学校キャリア教育の手引き―小学校学習指導要領（平成29年告示）準拠―（令和4年3月）」2022年

10 前掲9

11 前掲3

12 前掲3

13 前掲3

「働く人のリレーション調査」：全国の25-64歳の男女就業者が対象。2019年12月19日～23日にオンラインで調査を実施。有効回答数は3273名。

14 前掲3

第2章

すべては安全基地から
はじまる

1 １年生担任のミッション

（１） 16.0％のつながり

　ベネッセ（2023）[1]の「第6回幼児の生活アンケート第1章幼児の生活」によると，「平日，幼稚園・保育園以外で一緒に遊ぶ相手」は，1995年には「友達」が56.3％，「母親」が55.4％だったものが，2022年には「友達」が16.0％，「母親」が86.9％になっています。約30年の間に，平日の遊び相手は「友達」から「母親」になってきたことが分かります。

　以前，幼稚部で担任をしていた時に，子ども同士の遊びを見ていると，言葉が足りなかったり，気持ちが行き違ったりして，泣いたりけんかになったりしていました。しかし，そういった経験を通して「こういう話し方をすればいいのか」「こういう解決方法があるのか」と子どもたちは自然に学んでいきました。つまり，子ども同士の拙い関わりが，子どもたちの成長を促しているのです。

　しかし，このデータから分かるのは，子どもたちは，同じ年代の子どもと遊ぶ機会を以前ほど経験しないまま，小学校に入学してくる可能性が高いということです。そして，その傾向は今後も続くことが予想されます。

　これは，小学校1年生担任として，

> 子ども同士のつながりをつくる

ということが，今後ますます重要になってくるということを示していると思います。

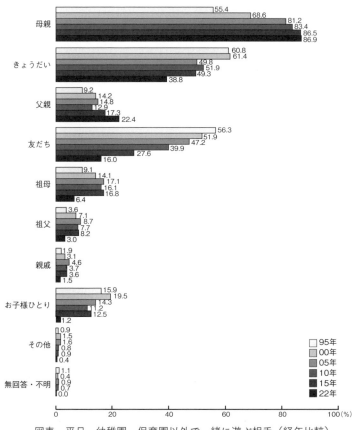

図表　平日，幼稚園・保育園以外で一緒に遊ぶ相手（経年比較）

（2）　子どもたちの安全基地になる

「追究の鬼」と呼ばれた有田和正氏は，

一年生には，本当に必要なことを教えなければならない[2]。

と，著書で述べています。

有田先生の仰る「本当に必要なこと」の中に，今なら「人とつながる力」

が入るのではないでしょうか。

　そのために私が心がけている１年生担任としての最初のミッションは，

> **子どもたちの安全基地になる**

ということです。

　米澤（2022）³は，子どもとの愛着関係を形成するために，以下の３つの基地機能があると述べています。

第１の基地「安全基地」
　恐怖，不安，怒り，悲しみのようなネガティブな感情，すなわち嫌な気持ちになったとき，大丈夫だと守ってくれると気づき，いざというときに逃げ込める存在。

第２の基地「安心基地」
　「つながる」ことでポジティブな感情を生じさせてくれる存在。一緒にいると，「落ち着くなぁ」「ほっとするなぁ」という気持ちを感じさせる存在。

第３の基地「探索基地」
　子どもが「いいこと」をしたときに報告し，認められたいと思う存在であると同時に，「よくない」ことをしたときにも「ピンチから救ってほしい」「安心感を与えてほしい」と思う存在。

1年生は，それまで過ごした幼稚園・保育園から，未知の世界である小学校に来るのです。場所だけでなく，新しく出会う人・知識・情報…それらにはもれなく不安が付きまといます。

　不安は，不安のまま放置しておくと，子どもたちの意欲を奪い，希望を失わせていきます。

　だから，担任がまず子どもたちにとって安心・安全な存在となります。

　そして，子どもたちが自らつながりを求めていくときに「大丈夫だよ，踏み出してごらん」と勇気づけていく存在でありたいと思います。

　子どもたちは，担任から離れ，子ども同士のつながりをつくるたびに「先生！こんなことできたよ！」と嬉しそうに報告してくるでしょう。

　それを温かく受け止め，一緒に喜ぶことで，さらに子どもたちは次の新しい出会いへと踏み出すことができるのです。

2 自らつながりを求める子どもに

（1） つながることは自己決定

　この本を書いている現在，私は１年生で担任した子たちを２年生で担任しています。そのため，昨年度蒔いた種が，確実に芽吹いていることを感じている日々を送っています。

　昨年度蒔いた種，それは，

　　自己決定

の一言に尽きると思います。

　「自分で決める」ということは，責任を伴います。失敗することもあるでしょう。でも，その失敗も「自分で決めた」からこそできる経験です。失敗させないように，楽に課題解決できるようにと，先回りすることは，子どもたちの未来を狭めてしまうのではないでしょうか。

　人との関わりに関しても，自己決定の連続です。日常生活の中で，私たちはたくさんの自己決定を経て，行動しています。その自己決定の中には「人とつながらない」という選択肢もあるでしょう。できるなら，それを選び続ける人生ではなく，人との関わりの中で幸せな人生を送ってほしいと願うのは，教員という職業人であれば，誰もが思うのではないでしょうか。

　本書のテーマは，「つながる力を引き出す」です。これまでの学級経営に関する本は，「担任がどう子どもたちをつなげるか」を丁寧に紐解いているものが多く，実際，私もその視点から学級経営を考えていました。それも間

違いではありません。そういう段階が学級にはあって然るべきです。しかし，さらにもう一歩踏み出す段階も必要です。

　「つながる」子どもたちを育てていくということは，自ら他者へと手を伸ばす子ども集団を目指すということです。その「手を伸ばそう」と思うことも子どもの「自己決定」であり，「自らの選択」なのです。そう考えると，つながる力を引き出すというのは，

　　自ら選べるように保障する

ということなのかもしれません。

　しかし，「人とつながっている」というのは，どのような状態なのでしょうか。友達の輪の中にいることでしょうか。何かのプロジェクトの中心にいることでしょうか。「つながる」と聞くと，積極的にあちこちに手を伸ばし，大きな輪になるイメージがありますが，そのような広いつながりだけを子どもたちは求めているわけではない気がします。

（2）　Nさんのつながり方

　あるクラスを担任したときに，Nさんという女の子と出会いました。そのクラスは，前年度学級崩壊し，様々な議論の末，そのままのメンバーで持ち上がったクラスでした。Nさんは学級崩壊の中心にいたようです。出会った頃，Nさんはパーカーのフードをかぶって，机に突っ伏していました。寝ているのか，起きているのかも分かりません。

　ある日，私はNさんに「Nさん，先生の話，聞こえてる？」と尋ねました。Nさんからの反応がないことに，少し焦りを感じていたのです。Nさんは，相変わらず何も応えません。どこか諦めにも似た気持ちで，その日は終わり

ました。それでも，毎日Nさんに話しかけたり，手紙をそっと机に忍ばせたり，反応はなくても毎日アプローチしました。

　そんなことを続けていたある日のこと，私の筆箱の中に小さな手紙が入っていました。淡い色の便せんがきれいに折ってあり，それを開いてみると，こう書いてありました。

> **先生，私，うつむいているけど，ちゃんと，聞いているよ。**

　差出人は，Nさんでした。

　Nさんは，一見，取り付く島もないような行動をとっています。でも，彼女は人との関わりを拒絶しているのではありませんでした。その証拠に，周りの子どもたちは「先生，Nは大丈夫だよ」と初対面の私がオロオロしていると説明してくれていました。事情を知らない管理職が「フードを取って起きなさい」と教室に入ってきたときも「Nはこういう子なんだから」とかばっていました。きっと，彼女が私に手紙を書いてくれたように，NさんはNさんの方法で，友達とつながりを持っていたのだろうと思います。

　その後，学級が安定してくると，Nさんはパーカーを着なくなりました。机に伏せていることもなくなり，同級生と共にバンドを組み，体育館で全校児童の前で，自主ライブをするまでになりました。

（3）　Sさんのつながり方

　Sさんもまた，Nさんと同様に学級崩壊を経験した次の年度に出会いました。Sさんのクラスは，崩壊をきっかけにクラス替えが行われましたが，前年度の学級崩壊の中心的メンバーとされていたSさんに対して，不安を訴える児童や保護者が多くいました。いわば，Sさんにとって超アウェーなスタ

ートだったのです。

　そのアウェー状態は，通っている学童でも同様のようでした。宿題を終え，おやつを食べると，みんな好きな遊びを友達と一緒にするのですが，彼は1人でいることが多くなったと，学童の先生から聞きました。ある日，どんな様子かこっそり見に行くと，やはりSさんは1人で本を読んだり，ブロックを組み立てたりしていました。時折，別の場所にいる友達のところへ行きますが，あまり歓迎されている様子はありませんでした。

　彼の様子をクラスや学童で見ていると，彼から話しかけに行ったり，なんとなく遊びの輪の中に入ろうとしているものの，方法が乱暴だったり，言葉がきつかったりして，なかなかうまくいかないようでした。休み時間ごとに
　「鬼ごっこでSさんにタッチしたら，怒鳴られた」
　「ドッジボールでボールを当てたら，蹴ってきた」
　「怖いから一緒に遊べないって言ったら追いかけてきた」
などの訴えが起きました。

　ある日，私は切り絵をクラスの子たちに配りました。折り紙を折って，切って広げるとおばけの顔になるような単純なものでしたが，これにSさんが興味をもちました。広げたり，折りなおしたりして，何度も作り方を聞きに来ました。そして，その次の日も，家から折り紙を持ってきて，私に言いました。
　「作り方を教えて。学童の友達に折り方を教える約束をしたから」
　そう言うと，その日の休み時間を全部使い，様々な種類の切り絵をマスターしたのでした。

Ｓさんは，つながりたいという思いを持ちつつも，その手の伸ばし方が分からず，右往左往していたのでしょう。小さな切り絵をきっかけに，「どう作るの？」という会話になり，「今度教えてあげるよ」と約束したことが，彼にとっての転機になりました。人間関係が不器用で，強い態度で周りとつながってきたＳさんは，初めて「友達が求めていることに応える」というつながり方を知りました。

　その後，Ｓさんはクラスの中心的メンバーとして，友達を励ましたり，助けたりするポジションを確立しました。新しいことに挑戦するたびに「みんなやろうぜ」と鼓舞する役割を担うようになりました。

（4）　つながることが，未来をつくる

　ＮさんやＳさんを例に挙げましたが，つながり方は，子どもによって形もペースも違うのでしょう。それを忘れると，「こうつながるものだ」と子どもたちに強要してしまいます。教員が「美しい学級像」を追い求めていくと，「そんな形ではつながりたくない，つながれない」とリタイアする子どもたちも出てきます。あくまで，

> 　つながり方の選択肢を持つのは，子どもたち

なのです。

　人とつながることは，時に人との衝突も生みますし，嫌な思いをすることもあります。しかし，先に述べたＮさんやＳさんは，人とのつながり方に困難をかかえながらも，一歩踏み出すことを選びました。そして，そのことが彼らの未来を変えました。

　人とつながらないことを選ぶこともできたはずです。Ｎさんはパーカーを

目深にかぶり，机に突っ伏しているのも，それなりに安全な道だったのです。Ｓさんも力づくで周囲を言い負かし，強引に人とのつながりを持ち続けることもできたのです。それでも彼らは一歩踏み出しました。より温かく，より笑顔のある方へと。

　子どもたちに人とつながる力が身に付いたなら，思い描いた未来に連れていってくれるでしょう。様々な困難に出会っても，その子の周りには頼もしい仲間がいるかもしれませんし，いざとなれば誰かが手を差し伸べてくれるという安心感があるはずです。そして，失敗しても一緒に悔しがってくれる人が側にいます。成功すれば自分のことのように喜んでくれる仲間がいます。

　ただ学校生活を楽しくするためではなく，クラスで１年限りの楽しさを味わうためでもなく，そのもっと先の幸せのために，つながる力をつけていくのです。

> **つながる力を育てることで，未来をつくる。**

　それが，私の１年生担任としての覚悟です。
　第３章から，１年１組北森学級へとご案内します。

【参考文献】
1　ベネッセ総合教育研究所「第６回幼児の生活アンケート第１章幼児の生活」2023
　（https://berd.benesse.jp/jisedai/research/detail1. php?id=5851　閲覧日2023/ 8 /16)
2　有田和正『一年担任の実力と責任』明治図書，1997
3　米澤好史『愛着障害は何歳からでも必ず修復できる』合同出版，2022

人間関係形成能力を育てる
学級経営365日　1年

自分からつながる

1 子どもたちとの出会いに向けて園とつながる

　近年，経験を積んだ教員でも，小1の担任が厳しいという声を聞きます。入学したばかりの1年生で，集団行動がとれない，授業中座っていられない，話を聞かないなどの状態が数ヶ月継続する「小1プロブレム」という問題が顕在化してから30年近く経ちます。その解決のためには，幼児教育側と小学校側の歩み寄りによる接続が望ましいと謳われていますが，それは十分できていないのが正直なところです。

　幼少連携を組織単位で行うことは大変な作業になってきますが，担任としてできる「連携」もあります。

（1）　申し送りは，つながるための情報として読む

　1年生の担任が出会うのは，実際の子どもたちより先に，園の先生方の目を通した「申し送り」ではないでしょうか。

　新しく入学する子どもたちが，幼稚園・保育所・こども園でどのように生活してきたのか，要録と一緒に目を通すことが多いと思います。それらを読むと，ついつい「この子は要注意だな」「こんな子がいたら大変だな」と思える子どもに目が向きがちです。

　確かに，そういった情報を得て「心構え」や「覚悟」のようなものはできます。しかし，そんな色眼鏡を装着しても，その子どもとのつながりは生ま

れません。できるなら，入学後のその子と，温かい関係をつくるための読み方をしたいものです。そのために，申し送りをプラスの視点で受け止めるように心がけています。

・活動になかなか参加できない
　→生き生きと参加できていた活動は何か，園に聞いてみよう。
・友達とうまく付き合えない
　→まず担任として，この子とどんな関係づくりをしていこうかな。好きなアニメとか遊びは何だろう。入学してすぐに聞いてみよう。
・自分だけでは指導が難しそうな子がいるな
　→学年で早めに対応を検討しよう。
・要望が多い保護者のようだ
　→まずは入学式で話しかけて，関係づくりをしてみよう。

　プラスの視点で見ることで，次に自分がするべきことがはっきりと見えてきませんか。

　申し送りや要録は，子どもに対する先入観をもつためにあるのではなく，子どもとのこれからの関係をつくるために読みましょう。

（2）　入学前の成功体験を足場にする

　さらに申し送りから得たい情報は「組の名前」「園長・担任の先生の名前」「園の行事の名前」など，その子が卒業した幼稚園等を表すキーワードです。それを知ることで，4月当初の子どもたちへの声がけが，大きく変わってきます。

　例えば「入学式の入場をしたくない」と入学式直前に泣く子，「学校に入りたくない」と玄関で立ち往生する子，「絵を描きたくない」と授業参加を拒む子。私はそういう子どもたちに出会ってきましたが，皆さんはどうでしょうか。1年生は，小学校で出会うことは初めてのことが多く，戸惑うこと

ばかりでしょう。小学生としての成功体験もありませんから，「こうすれば
うまくいく」ということも分からないと思います。

　そんな時に必要なのは，どんな言葉がけでしょうか。

> 　価値観の押し付け「1年生でしょう」
> 　脅し文句「できないなら幼稚園に戻りなさい」
> 　曖昧な励まし「やればできるよ」
> 　先回り「それじゃできないから，こうしてごらん」

　上記は私もやってしまったNG例です。これらの言葉がけは，子どもた
ちの背中を押す言葉としては効果を感じませんでした。効果を感じるどころ
か，やる気を奪っていたように思います。

　今はそれらの代わりに，子どもたちがハッとする言葉がけを見つけました。

入学前の成功体験を足場にする言葉がけ

です。子どもたちは小学校に入学する前に，すで
に様々な成功体験を経ています。そして，それは
ありがたいことに申し送りや要録にも記載されて
います。その成功体験や頑張りを使わない手はあ
りません。

　以前，入学式で入場することを嫌がる子どもが
いました。体育館に行かないと言って，廊下に並
ぶことも拒否していました。その子にとっては，
行ったこともない場所に，知らない子どもたちや，知らない大人と入ってい
くことは，耐え難い恐怖だったのかもしれません。そんな子を前にして，あ
なたはどのような言葉をかけるでしょうか。

　「大丈夫だよ，すぐ終わるから。がんばろう」

「そんなこと言っていると，おうちの人ががっかりするよ」
「ほら，１年生のお兄さんでしょう」

　以前の私なら，そんな言葉をかけていたかもしれません。入場予定時刻と照らし合わせて焦る気持ちを抑えながら，なんとか笑顔を保って出てきた言葉がそれだとしたら，最後は抱きかかえて入場することになっていたかもしれません。私は，こう話しかけました。

> 「Ａさん。あなたは，すみれ組さんで鼓笛隊を頑張ったんだってね。サキ先生が上手だねって，ほめてくれたでしょう？素敵な年長さんだったんだね。今日は園長の西田先生が来ていますよ。体育館であなたが堂々と入場するのを，きっとわくわくしながら待っていますよ。一緒に行こうね」

　Ａさんは，散りばめられた幼稚園時代を表すキーワードに思わず「ぼくね，鼓笛隊で大太鼓をしたんだよ」とポツリと言いました。「そうなんだ。いっぱい練習したんじゃない？頑張り屋さんなんだなぁ」そう答えると，Ａさんは自分が並ぶ場所に戻りました。そして，体育館に堂々と入場しました。

　担任がその子の背景を知り，幼稚園時代の頑張りに接続させることは，申し送りや要録からも可能です。園での成功体験を想起させることで，その子が小学校で出会う「プロブレム」に立ち向かう勇気をもつことができます。

　１年生を「義務教育１年生」ではなく，幼稚園や保育所での経験値がある「教育機関４年生」として捉え接することで，新１年生は，ゼロスタートではなく，すでに経験値を蓄えて入学してきた頼もしい存在になり得ます。

まとめ

①申し送りは，つながるための情報として読む。
②入学前の成功体験を知り，入学後の言葉がけに生かせるようにする。

② 入学式に向けて同僚とつながる

　春休みも4月に入ると，一気に入学式の準備も本格化します。様々な準備では，1年生担任団だけでなく，同僚たちの力も大いに借りることになるでしょう。入学式は，新1年生を安心して預けてもらうための学校挙げての一大プロジェクトであり，新年度を迎えメンバーを入れ替えた新体制となった学校での最初の協働プロジェクトです。

　入学式が終わってからも，入学を祝う行事や学校探検などで1年生はたくさんの児童，教員と関わります。春休み中に，入学式の準備というミッションを同僚と共有してつながることは，入学後のあれこれをスムーズに進めるにも大事なことと考えます。

（1）　入学式までの仕事を見通す

　1年生の学年主任であれば，諸々の書類の作成や，関係する同僚たちへの仕事のお願い等，やることが山のようにあります。主任でないとしても，書類作成以外の実務的なことが数多くあり，「次はこれして，あれして」と，限られた日数で，学級準備＋入学式の準備をマルチタスクにこなしていくことになります。単学級であれば，ほとんどの仕事の進行・作成を担うことになります。

　「先生，これはどうしますか？」「先生，これは何部必要ですか？」という確認が1日中細々とあり，前年度の反省等も加味しながらの準備で，気を張る時期でしょう。ですから，早め早めに心の準備と物理的な準備を進めておいた方が心に余裕ができます。可能であれば，「来年度は1年生の担任」と分かった時点で，昨年度の入学式関連の資料に目を通しましょう。そして，次のことを一番に考えましょう。

同僚たちが仕事をしやすいようにスケジュールを立てる

春休み

　諸説あるようですが，「働く」というのは，「傍」(そばにいる人)を「楽」にすることが語源といわれています。同僚がたくさん関わる行事において，その中心になる学年がすべきことそのものです。昨年度の反省を踏まえ，改善すべきところを改善し，教務等と仕事について相談して，入学式までの道のりを整えていくことが大事になってきます。

　そんな「傍楽」に向けて，入学式準備の５Ｗ１Ｈを考えていきましょう。

When	その仕事をいつまでにしてほしいか。 その作業をいつするのか。 その配布物はいつ届くのか。
Where	打ち合わせはどこで行うのか。 作業をどの教室でするのか。 作成したものをどこに置くのか。
Who	誰がその仕事を担当するのか。 誰に提出するものなのか。 誰から資料を受け取るのか。
What	何をしなければいけないのか。 何を連絡しなくてはいけないのか。 何を作るのか。 何の個数を確認するのか。
Why	なぜ昨年度と違う修正が入っているのか。 なぜこの段取りになっているのか。
How	どのように仕事を進めてほしいのか。 どのように掲示してほしいのか。 どのように書類を組んでほしいのか。

4月　5〜7月　夏休み　9〜12月　冬休み　1〜3月

枚挙に暇がないほどの５Ｗ１Ｈがあります。これを同僚たちに仕事をお願いする際に共有することで，格段に働きやすくなります。また「これはどうしますか」という確認が減り，自分の仕事にも集中しやすくなります。入学式の準備を手伝ってくれる同僚たちも，自分の学級準備で忙しい時期です。できるだけ効率よく働けた方が，お互い気持ちよく進めることができます。

（２）　作業中のおしゃべりでも関係づくり

　入学式準備の中には，書類を入学児童分組んだり，お道具箱等を袋から出したり等の単純作業もあります。自然発生的におしゃべりタイムが生まれたりしますが，ややもすると，昨年度からいるメンバーで盛り上がりがちです。

　新年度異動してきた同僚，新規採用の同僚もそこにはいるはずです。入学式というプロジェクトを遂行するのですから，新しく加わったメンバーにも積極的に話しかけていきましょう。

　「スノーボードするんですか？○○先生もお得意ですよね」

　「カレーにはまってるんですか。駅前の△△ってお店行きました？」

　糸口は何でもいいのです。その作業に参加している同僚の中で，１人になっている人がいないことが大切です。これから１年生がたくさんお世話になるのです。担任がまず同僚とつながっておくことは，入学してくる１年生にとっても大きな助けになります。

```
まとめ
```

①入学式までの仕事を見通して，明確な仕事の依頼をする。
②おしゃべりタイムで同僚とつながっておく。

3 **1年生担任でつながる**

　縁あって1年生を一緒に担任することになった同僚。単学級では味わえない心強さがあります。もちろん，単学級で1年生を担任するとなれば，職員室全体でフォローしてもらえるはずです。ここでは，担任同士がつながるために，春休みにしていることを書きたいと思います。

（1）　不安を出し合う

　何度も申し上げますが，1年生担任というのは，非常に特殊です。しかし，その特殊性は，1年生を担任したことのない人には，想像以上に理解されていないように思います。

　「相手はヒヨコちゃんだから楽だろう」

　「なんでも言うことを聞くからいいよね」

　「かわいいから大丈夫よ」

　そんな無責任な言葉を聞いたこともありますが，そんな簡単にはいきません。

　1年生を担任したことのない校長のもとで働いていた頃，毎年新規採用者は，1年生の担任をさせられていました。教員としての船出で1年生を担任するのは，大海原に丸裸で放り投げられているような感覚だと思います。

　私が初めて1年生を担任したのは，採用6年目のときでした。しかも単学級でしたから，右も左も分からず，「1年生担任は，入学式だけでこんなに大変なのか」と毎日必死に先輩教員から1年生担任のイロハを教わっていました。

　採用6年目で，ある程度様々な分掌をこなし，学校行事も経験してきているはずなのに，1年生担任としては全く経験が生かし切れていない不全感でいっぱいでした。それなのに，新規採用者を当たり前のように1年生の担任につけることに何の躊躇もないのは，やはり，1年生を知らない管理職だっ

春休み

4月

5〜7月

夏休み

9〜12月

冬休み

1〜3月

たからでしょう。

> **採用何年目だろうと，１年生を何回経験しようと，１年生担任は難しい**

　正直なところ，今もそう思います。１年生の書籍に今回携わっていますが，それでもそう言わざるを得ません。そしてそれは，自分だけではないのです。この本を手に取ってくださっているということは，読まれている方も同じ思いでいらっしゃるのでしょう。もう，私とあなたは仲間ですね。

　そんな不安の中，頼るべきは同じ１年生を担任する同僚です。まずしたいのは，

> **不安を出し合う**

ということです。
　不安を出すということは，最大の自己開示です。
　「１年生が初めてで不安です」
　「高学年しか担任したことがないので，１から10まで教えてください」
　「１年生相手だと，言葉づかいをどうしたらいいのか正直分からないです」
　「教科書に文字がないのですが，これはどうしたらいいのでしょうか」
　「申し送りで気になった子と，どうやって関係をつくればいいでしょうか」
　そんな不安を口に出すことができれば，第１段階はクリアです。そして，それに対して，
　「実は私も不安しかない」
　「私はこうするよ」
　「困ったときはすぐ呼んでね，助けに行く」
　「私もそれ，苦手なんだよね。毎日情報交換していこう」

など，アドバイスし合うことができれば，上々の滑り出しだと思います。そして，これからも何か不安なことがあれば，すぐに話せるという安心感が生まれるはずです。

　特に，経験年数を重ねるほど，率先して不安を口にしていくべきだと思っています。自分の初任時代，先輩教員は全てが上手くいっているように見えました。弱みを出すことは自分が役立たずだと宣言するようで，つらくても苦しくても平然と見えるようにしていようと思っていました。しかし，2年目の時，一緒に学年を組んだベテラン教員が，新年度早々，食事に誘ってくれました。そして，そこでこんなことを話しました。
　「いやー，つらいよね，新年度って。私，枠にはめちゃう癖があってね。子どもたちが反発しちゃうのよ。先生はそういうのあんまりないじゃない。色々教えてね。2人で頑張っていこう」

　20歳以上年の離れた学年主任の言葉に，それまで「弱みを見せまい」「不安を悟られまい」と着込んでいた私の心の鎧が，ガラガラと足元に落ちていくのを感じました。涼しい顔をして見える先輩たちも，多かれ少なかれ新年度というものは不安なのかと，心のつかえが取れたのを覚えています。あの雨の日のファミリーレストランを，私は新年度を迎える度に思い出します。

　それ以来，私は年下の同僚たちにも自分の胸の内を素直に出すようにしています。それを聞いた同僚たちは，一様に「先生もそんなこと思うんですね」「先生も同じなんですね」と驚いたような，安心したような表情になります。

（2）　大切な仲間だと伝える

　入学式のとき，私は学年を組んでいる先生に，入学式の書類や名簿等を貼ることができる見開きの色紙のようなものを作っています。厚めの画用紙に，

春休み

4月

5〜7月

夏休み

9〜12月

冬休み

1〜3月

色画用紙などを貼った簡単なものですが，入学式当日は，それを持って体育館に入場します。式の流れや留意事項なども挟んでおきます。そして，後に述べる，子どもたちとつながる仕掛けにも使えます。

「先生のイメージで作りました。よろしければ使ってください」

そんな一言を添えてお渡しします。

普通のバインダーでもいいですし，何もこんなことしなくていいと思われる方もいるでしょう。あくまでこれは，作り物が好きな私の例です。私がこれを作ることで同僚に伝えたい思いは，

> **あなたは大事な仲間です。今年1年，よろしくお願いします。**

という，シンプルなことです。それが伝われば，言葉でも他の形の表現の仕方でも，何でもいいと思います。思っているだけでは伝わりませんから，

ご自身のできる形で，「これからよろしくお願いします」を表現してみませんか。きっと，その瞬間から，何か温かい空気が流れると思います。

（3） 感謝を伝える

これが一番大切なことかもしれません。

春休み中の様々な業務を一緒にこなす中で，同じ1年生担任同士で助け合うことも多いでしょう。時には，自分の仕事の手を止めて手伝ってくれたり，苦手なことを代わってくれたりすることもあると思います。そうしたことを当たり前と思わず，「ありがとう」という一言を忘れないようにしましょう。

そんなことを言っておきながら，私は手伝っていただいたことに，ついつ

い「すみません」と謝ってしまう癖がありました。

　初任校でも同僚に，つい癖で「すみません」と言っていました。そんな時は決まって「いや，すみません」とちょっと困ったような顔で返事が返ってくるか，「あ，いえいえ」とぎくしゃくした空気がありました。

　ある日，いつものように「すみません」と謝っていると，同じ学校に勤める同期に「おい，そこは『ありがとう』だろ」と大笑いされました。確かに，職員室にいると「あ〜，ありがとうございます〜」とハスキーボイスな彼の声がしょっちゅう聞こえてきました。そうすると彼には「お互い様だからさ」「いいのいいの，また声かけて」など，明るい声が返っていくのです。

　そのことに気付いてから，「ありがとうって言うぞ」と心に決め，「すみません」と言っていたことに「ありがとうございます」で返すように努めました。最初はぎこちなく口にしていた「ありがとうございます」も，使っていくうちに言っている自分が心地よくなり，「ありがとうございます。助かります」と，さらに素直な言葉を加えられるようになりました。そんな私の変化に，先輩教員たちも「なんか最近，変わったね」「元気になったね」「笑うことが増えたね」と声をかけてくれました。

　「すみません」と言うのは，相手にも一定の申し訳なさを味わわせてしまう言葉なのかもしれません。今でも私は意識して「ありがとうございます」と返すようにしています。そう常に口にしていると，入学式以降，子どもたちにもそれが伝播していきます。同僚への「ありがとう」が，子どもたちと出会ってからの「ありがとう」にもつながっていくのは，とても素敵なウォーミングアップだと思いませんか。

（4）　学年のベクトルを揃える

　春休みの間にしておきたいことは，学年のベクトルを揃えることです。

春休み

4月

5〜7月

夏休み

9〜12月

冬休み

1〜3月

下の資料は，昨年度，新年度の一番初めに開いた学年会で学年の先生たちに示したものです。

令和４年度　第１学年学年会資料（4.4）

１．学年経営案について
　学年経営案の案を作成しました。一読して、ご意見ください。

２．入学式＆学級開きについて
・１年生の学級開きは入学式から始まる。「学級開き＝始まりの日のイベント」ではなく、担任やクラスになじむための一連の活動を指す。1学期いっぱいだと思って行う。特に１年生は丁寧に手順を教える。
・何をしてもいい。大事なのは、子どもたちの心に何を残したいか。「この先生となら大丈夫」と思えるメッセージ、「クラスのゴール」、「譲れないこと」を伝える。
・７日でルーティンの指導（朝の準備、そうじ、給食等）を丁寧に行い、30日でそのルーティンの定着に向けて指導を繰り返す。子どもたちへの愛情、感謝の気持ちを、日々いろんな場面で伝えていく。
・「水平の指導」と「上下の指導」を意識。最初は水平を多めに。ただし、上下を最初から緩めてはいけない。

３．１年生担任として
・保護者も「１年生」という方が多い。学校教育の入り口として、信頼を得ることができるように。
・子どもたちの発達に凸凹の多い学年。丁寧で具体的な情報提示を心がける。
・整理整頓など、「当たり前」のことを心がける。担任の行動が子どもたちの行動となっていく。それは言動も同じ。

４．学年として
・ワークシートや指導等は、とりあえず共有する。（使うかどうかは個人の判断でOK です）
・何か準備するときは声をかけあう。１人でやろうとしない。
・困ったことなどあれば、口にする。もちろん、うれしいことや、他のクラスのことで気付いたことも。担任同士のおしゃべりを大切にしたいです。
・どのクラスの子も、自分のクラスの子だと思って関わる。ダメなものはダメだと注意し、いいことをしていれば喜ぶ。
・廊下歩行、あいさつは１年生から教えていかなければ、中学年・高学年でもできるようにはならない。丁寧に、根気強く教えていく。

こういった資料を出すと，「こうやっていくからね！」と宣言しているように見えますが，お互いの意見を出し合うためのたたき台に過ぎません。そもそも「ベクトルを揃える」というのは，誰かが言うことに従って，様々なことを画一的に行うことを目的にしているのではありません。示された方向に対して，どのように向かっていくのか検討したり，これまでの経験から別のルートを提案したり，では自分はどうしようかなと自問したりすることで，学年が「考える集団」になることだと思います。では，何を「考える」のか。それは，入学式に出会う子どもたちの幸せです。

考える集団になっていくと，時には厳しい対話もあるでしょう。実践に対して厳しいフィードバックがあるかもしれません。しかし，そこから逃げて，常に笑い合い冗談を言い合うだけの状態は「ポジティブ」ではありません。経験年数関係なく，お互いを尊重し合って意見し合う最初の一歩は，春休みから始まっています。

まとめ

①不安を出し合うことで自己開示をする。
②どんな形でも「大切な仲間だ」と伝える。
③「ありがとう」と感謝を伝える。
④学年でベクトルを揃え，考える集団に向けて動き出す。

自分のための時間をもつ

（1）　自分の実態把握をする

　春休みのうちに，１年生担任としての自分の「実態」を把握しましょう。

　何ができて，何ができないのか。そんな自分の実態把握をするには，昨年度までの自分を振り返る必要があります。

・○○さんと△△さんがけんかになった時，もう少しうまく対応できていればよかったな。

・保護者から，こういう時に相談を受けることが多かったな。

・算数の授業が一方的になりがちだったな。きっと分からない子もいたんだろうな。

・作文を書くときに，あんまりうまく指導できていなかったな。

・体育の器械運動を教えるのが苦手だな。

　振り返れば，ぼろぼろと「こうすればよかった」と思うことが出てきます。でも，それがある意味チャンスなのかもしれません。

　職員室にはたくさんの教員がいます。きっと困っていることを解決するヒントを持っている同僚がいます。また，書籍からもたくさんの学びを得ることができます。オンラインでの研修会も増えています。対面の講座もあちこちで開かれています。同僚とのほんの10分の相談が，書籍で出会った一言が，オンライン研修での学びが，対面講座で隣に座っていた人との会話が，新しい１年での自分を助けてくれることだってあります。

　春休みの忙しい日々の中，自分のために使える時間は限りがあるかもしれません。自分の弱いところと向き合うことは，しんどさも伴います。しかし，自分のことを知り，次の自分へ向かうための時間は，必ず成長をもたらしてくれます。

（2） 心に栄養を補給する

　春休みは，昨年度受け持った子どもたちとの別れと，新しい子どもたちとの出会いとの間にあります。異動がある人は，引継ぎや荷物の引っ越し等で慌ただしい中，次の学校はどんなところだろうかという緊張も味わっているのではないでしょうか。

　私は，できるだけ，「何もしない時間」「何も考えない日」をつくるようにしています。1年間駆け抜けてきたのですから，それくらいのご褒美を自分にあげても罰は当たりません。むしろ，そうやって自分を自分で労うことができるのは，働くことのモチベーション向上にもつながります。

　これを読んでいる方は，何をするのが好きですか？
・好きな映画を見る。
・会いたい人に会いに行く。
・着替えもしないでだらだら過ごす。
・ゲーム三昧する。
・おいしいものを食べ歩く。

　春休みは，慌ただしく過ぎていきます。うかうかしていると終わってしまいます。「この日は何もしない」と決めたら，仕事から離れて，「お疲れ，自分」と乾杯してあげるような気持ちで過ごす，ただただハッピーな日をつくりましょう。きっとその余裕は，入学式以降の自分のことを助けてくれます。

まとめ

①自分の実態把握をし，必要な情報を集める。
②春休み中，自分を甘やかす時間を設け，次の年度への活力にする。

春休み
4月
5〜7月
夏休み
9〜12月
冬休み
1〜3月

「謙虚さ」の罪

　同僚から「どうしたら学級がよくなりますか」と尋ねられたとき，私は
「子どもたちが頑張ったからです」
「子どもたちのおかげです」
「子どもたちがいい子なんです」
という言葉をよく使っていました。

　学級づくりの過程では子どもたちの力を引き出すので，そう答えることは
間違いではなかったと思います。また，当時の私は「学級がいい感じなのは
自分の実践の成果です」と言える自信もありませんでしたし，研究授業の自
評は反省点を思いつく限り述べよと先輩教員の振る舞いから学んでいた私に
とって，「こうしたらいいですよ」と言うのは，偉そうだなと思っていました。
　しかし，質問してきた同僚は，残念そうな表情を浮かべていました。

　ある日，当時の学年主任の研究授業を参観する機会がありました。その時，
子どもたちは生き生きと発言して，意見がつながり合い，そこに担任はいる
けれど子どもたちだけで授業が進んでいるような，穏やかだけど熱い空気が
教室を包んでいました。

　授業の後，主任のところへ行き，
「どうしたらあんな授業ができるのでしょうか」
と尋ねました。すると，主任は「そうだねぇ」と席をたち，教室のあちこち
から様々な資料を持ってきました。
「まず，授業の前に，これを先行して読み聞かせていたのね。あ，その前

に，物語文のときはいつも，こういう流れの授業ってパターンにしていて
…」
と，参観した授業に至るまでの経緯を事細かに説明してくださいました。
　「子どもたちもすごい発言ばかりでした
ね」
と私が感心して言うと，
　「私が，そう育てたのよ」
と，にやりとしました。

　その主任の話を聞きながら，「自分に足
りなかったのはこれか」と感じました。
　「どうしたらいいですか」と尋ねてきた同僚たちの投げてきたボールを，
私は受け取らずにいたのだと感じました。

　「こうしたらこうなりましたよ」と説明することは，決して悪いことでは
ないのに，「子どもが頑張ったからです」と答えていたのは，同僚にとって
「聞いたところで，あなたにはできないですよ」と伝えているようなものだ
ったのかもしれません。

　それ以来，尋ねられたことには
　「こういうシステムにすると，〜できるようになっていきました」
と，具体的に応えるようにしています。そうすることで，同僚とのつながり
も生むような気がします。

　日本人は「謙虚であることが美しい」とされてきました。しかし，「謙虚
であるべき時」を間違えると，大切なことは伝わらないのだと思います。
　ベテランも若手も，「謙虚さ」をかなぐり捨て，実践について話すことが，
同僚性を高め，教員としての資質を向上させていくのではないでしょうか。

3つの基地をつくる

 入学式で「学校」びらき

あなたのお誕生日に，おいしいと有名なレストランに行きました。「どんな料理があるだろう」とわくわくしながら席に着きました。しかし，ウェイターからは乱暴に給仕され，一緒に食事をしているメンバーとも会話がありません。どんなにすばらしい料理がそこに並んでいても，おいしいと感じることができないまま，食事は終わりました。来年の誕生日もこうなのかな，と暗い気持ちになりながらお店を出ました。

これを1年生に置き換えてみます。

あなたは1年生です。
楽しいと聞かされている地域の小学校の入学式に出席します。
「小学校って，どんなところだろう」とわくわくしながら教室に入るでしょう。しかし，担任からは事務的な対応しかしてもらえず，一緒のクラスになった子どもたちとも会話がありません。素晴らしいお祝いの掲示や，上級生の歓迎の言葉はあっても，「楽しい」と感じることができません。「きっとこれからも学校はつまらないところなんだろうな」と不安になりました。

春休み

4月

5〜7月

夏休み

9〜12月

冬休み

1〜3月

　学級のスタートで行う「学級びらき」は，「いいクラスになりそうだ」という気持ちを引き出すイベントなのだと思います。1年間を共にする担任と同級生と，最初に味わう一体感で，これから始まる学校生活に期待感をもてるかどうかが，とても重要なのではないでしょうか。

　そして，入学式は「学校びらき」です。小学校生活への不安を少しでもなくし，これから楽しい生活が始まるだろうというわくわくを，親子で味わってもらう。そんな日にするために，私が心がけていることは次の3点です。

---

①お土産をつくる。
②初めての共同作業をする。
③ハッピーを共有して笑顔で帰す。

（1）　お土産をつくる〜子どもたちに安心感〜

　お土産といっても，何か物を用意するのではありません。

　入学式を終えた後，子どもたちはきっと「入学式どうだった？」など聞かれることが多いでしょう。その時に「先生に，〜ってほめられたよ」と答えられるような，そんな一言をプレゼントするのです。
①バインダーに入学式の時の座席表，もしくはクラスの名列表を挟んでおく。
②入学式の前に，ほめたいポイントを5つほど書き出しておく。

ほめたいポイントの例
A：お話する人の方を見ていました。
B：姿勢がすてきでした。
C：お辞儀をちゃんとしていました。
D：「おめでとうございます」に「ありがとうございます」と答えていました。　　　　　　　　　　　　　　　　　　　　　　　　　　など

これは，向山洋一氏の実践を参考にしました。

③入学式のとき，子どもたちを観察しながら，名簿に○を書き込んでいく。

　個別に観察する余裕がなければ，画像のように１列目は〜，２列目は〜など，列ごとの観察などでも。

④教室に戻って，子どもたちに話す。

担任（以下Ｔ）：入学式が無事に終わりましたね。先生ね，ちょっとびっくりしたことがありまして…（少し深刻そうな顔をして沈黙）この子たちは，本当に，１年生なのかな…って。

子どもたち（以下Ｃ）：１年生だよ。（何事かと，ちょっとざわつく）

Ｔ：実は１年生ではなくて本当は…

Ｃ：本当は？

Ｔ：本当は６年生かもしれないと思ったんですよね。

Ｃ：えー！ちがうよー！

Ｃ：まだ１年生だよ！

Ｔ：６年生かな，と思うくらい，あなたたちが素敵だったんです。○○さん，△△さん，▲▲さん，あなたたちは，お話する人のほうをしっかり見て，

うなずいて聞いていましたね。□□さん，■■さん，◆◆さん，あなた
たちはお辞儀に心がこもっていましたよ。（など，メモをもとにしてほ
めていく）

〜全員に声を掛け終えて〜

T：こんなに素敵な皆さんと一緒に入学式ができて，うれしいです。入学し
　てくれて，このクラスに来てくれて，ありがとう。

これはあくまで一例ですが，大事なのは

> 「この先生は，自分のことを見てくれるんだ」という信頼を得るこ
> と

です。それこそが，子どもたちに渡す「お土産」になります。

（2）　初めての共同作業をする

　入学式に向かう前，教室に戻る時など，ところどころに待機するような
「隙間時間」があります。「ほら，そこ！お話をしません」という指導をする
よりも，子どもたちと一体感を味わえる時間にしましょう。
　そんなときに役立つのは，「手遊び歌」です。

T：今，教室でおうちの人がお話しているから，廊下で少し待ちましょうね。
　みんな，この歌知っていますか？「これっくらいの，お弁当箱に」

C：わかる！

T：じゃあ，一緒にやってみましょう。お話のお邪魔をしてはいけないので，
　先生がありさんの声で歌いますね。「これっくらいの，お弁当箱に…」
　〜まずはオーソドックスにやってみる〜

T：次は，みんなが入れたいものをお弁当につめようかな。
　何がいいですか？（ひそひそ声でたずねる）

C：ハンバーグ！（担任につられて，小さい声）

C：みかん！（他の子につられて小さい声）

T：じゃあ，○○さんと▲▲さんの希望で，ハンバーグとみかんを入れます。
　「これっくらいの，お弁当箱に…」

　子どもたちと同じ歌を歌い，同じ手遊びをすることは，なんとも言えない一体感が味わえます。「静かにしなさい」「こっちを見なさい」と言う代わりに，「これっくらいの」と歌い出すことで，自然と子どもたちはこちらを見てくれます。これは，幼稚園や保育所の先生たちが，子どもたちと紡いでくれた「つながりづくり」です。

　動画サイトや保育雑誌などで手遊び歌はたくさん紹介されています。子どもたちに，どんな手遊び歌が好きだったか聞いて一緒にやってみるのもいいですね。入学式以外でも，手遊び歌は様々な場面で効果があります。
　担任と子どもたちとの「共同作業」とも言える楽しい時間を，入学式の日から設けてみるのはいかがでしょうか。

（3） 全員でハッピーを共有して，笑顔で帰す〜保護者にも安心感〜

　入学式には，保護者もいます。子どもだけでなく，保護者にとっても入学式は「学校びらき」です。学校生活初日に，子どもと共に安心感をもってもらいたいところです。そのために，私は明るい笑いが起きることを仕掛けます。

　私は，ここぞというときにはくす玉を使っています。100円ショップで買った大きいザルを2つ合わせたものに，大判のカラーシールを貼った簡単なものです。（作り方は，色々なサイトで紹介されているので，ここでは割愛します。）ただ割って見せるだけでなく，保護者参加型で行います。

T　：みんなに，ちょっと先生，見せたいものがあるんです。（と言って，隠しておいたくす玉を出す）えっと，そこのお父さん，ご協力ください。（くす玉を割る紐を渡す）ご協力ありがとうございます。助かります。では，１・２の3！で，紐を引いて割りますよ。せえの！

C　：１・２の3！

T　：……割れませんね。声が小さいのかな。もう１回，せえの！

C　：１・２の3！！

T　：……おかしいな。おうちの人たちにも協力してもらおう。保護者のみなさん，１・２の3！です。お願いします。せえの！

全員：１・２の3！！！

〜くす玉から紙吹雪などと「にゅうがくしき　だいせいこう」の垂れ幕〜

T　：読めますか？「にゅうがくしき　だいせいこう」と書いてあります。今日は，入学式大成功の日だね！みんなで，拍手をしよう！大成功！パチパチパチパチ！

　この時の垂れ幕は，学級に掲示しておきます。そして，これから先，何か

学級にとっての記念日には「○○だいせいこう」という垂れ幕がお目見えすることになり，子どもたちの成功体験の足跡にすることもできます。

　くす玉から出てきた紙テープや紙吹雪を触りたくて，帰りの挨拶の後，ほとんどの子どもがくす玉の方へ来ます。その時には，「入学式」での「児童」の顔から「子ども」の顔に変化しています。担任も少し肩の荷が下りているので，子どもや保護者とお互い「普段着の姿」でおしゃべりするチャンスになります。入学後に不安をもつ保護者もいますので，話をするいいタイミングでもあります。

　私のしていることは，あくまで一例です。ギターを弾いたり，絵本を読んだり，そういった得意なことで子どもたちを笑顔にする人もいるでしょう。「自分なら，どんな方法で子どもたちを笑顔にしようかな」と，ぜひ考えてみてください。楽しいことを共有することは，

> 「学校っていいな」「このメンバーなら楽しく過ごせそうだな」

という未来への期待感になります。そして，その場にいる保護者の安心感にもつながります。

　入学式から教室に戻ってきた子どもたちは，緊張から解き放たれています。そんなときに，クラスのみんなで楽しいひとときを過ごせたら，学級として最高の船出になるのではないでしょうか。

まとめ

①子どもに「先生が自分を見てくれた」というお土産を渡す。
②隙間時間は，一緒に楽しめることで一体感をもつ。
③ハッピーを共有して「いい学校生活が送れそう」という期待感をもたせる。

2 学級びらき

　1年生の学級びらきは，ひときわ特別です。

　学校規模等により例外はあると思いますが，ほとんどの場合，様々な幼稚園・保育所から小学校に入学してきているからです。その学校に同じ園から来た友達がいないという子どももいます。つまり，クラスの大半が「はじめまして」の子どもたちです。

　しかし，入学式の次の日から休み時間はあります。隣に座る人がどんな人か分からず，休み時間も誰と何をしたらいいのか分からず，ほとんど声を発しないまま家に帰る…そんな寂しい1日が，学級のスタートというのは悲しいです。そこで，学級びらきでは，学級にどんな人がいるのかを知る活動をします。

　また，担任としては「裏テーマ」をもつことも大切です。学級びらきは，1年生が受ける「一番最初の授業」ともいえます。子どもたちにこの学級びらきを通して，これから1年間かけて浸透させていきたいことや，担任としてどう関わるのかという「裏テーマ」をもちながら行います。

（1）　友達を知る活動〜この人をさがせ〜

　この活動の最大の目的は，

> 　友達づくりを保障する

ということです。

　「友達はできるものではなく，つくるもの」とよく耳にしますが，だとしたら，友達をつくれるような場を設定することが担任の役目だと思います。この活動を通して休み時間に一緒に遊ぶきっかけをつくれたら最高です。そこまでいけなくても，「この人に，今度話しかけてみようかな」とか「なん

だか気が合いそうな人がいた」と子どもたちが思ってくれたら成功です。

　そして，裏テーマとして，

> ### プリントの回し方を教える

ということを設定します。プリントを回す際の指導には「どうぞ，ありがとう配り」の実践がありますので，私はそれを使って説明することが多いです。

〈活動の流れ〉
①「この人をさがせ」のプリントを配る。
　プリントを1列ごとに配りますが，その前に「上手にプリントを渡すポイントを紹介するね」と3つのことを話します。簡単なイラストを添えて板書してあげると丁寧です。

> ポイント1つ目は，渡すときに目を見ること
> ポイント2つ目は，プリントを渡すときに「どうぞ」が言えること
> ポイント3つ目は，プリントをもらって「ありがとう」が言えること

　こんなことを話してから，「みんなは，どれに挑戦する？」と尋ねると，「3つ目できるよ！」「全部やる！」などという反応が返ってきますが，担任としてはそれを笑顔で受けつつ，静かにプリントを列ごとに配ります。
　そして，実際にできている子どもを見つけて，「すぐできるんだね」「お話をちゃんと聞いていたんだね」と声をかけていきます。

　「初めまして」の人にそこまでできない子どもも多くいます。ですから，全員がすぐにできなくても構いません。また，プリントを配るときに「ありがとう」が言えなくても，そのほかの場面では伝えられればいいとも思いま

す。「友達にありがとうを言える雰囲気」はこれから時間をかけて子どもたちと一緒につくっていけばいいのです。

②ルール説明をする。
　まだ文字が読めない子どももいますので，テレビやスクリーンにプリントを映しながら，各項目を読んで聞かせます。

T：これから，このクラスにどんな人がいるのかしらべます。みんなは，いまから，「たんていさん」になるんですよ。フーム，においますね。なんだか，たくさん探せそうな予感がします。
　　ここに書いてある人を探せたら，その証拠に○をもらってきましょう。「あなたは，○○ですか？」って聞くんですよ。練習してみましょう。お隣の友達に体を向けてください。

C：（体を向ける）

T：先生の真似をしてくださいね。あなたは，おにいちゃんがいますか？

C：あなたは，おにいちゃんがいますか？

T：はい，います。

C：はい，います。

T：いいえ，いません。

C：いいえ，いません。

T：おねえちゃんはいますか。

〜など，ある程度練習する〜

C：（早く始めたそうな雰囲気）

T：みんな，練習したら，うずうずしてきましたね。

C：早くしたい！

T：大事なのは，丁寧な言葉を使うってことです。はじめましての人が多いですからね。突然，「おい，おまえ！」と言うとびっくりしますよ。

C：言わないよ！

T：では，たくさん○をもらえるといいですね。このタイマーが「ピピピ」

と鳴るまで，たくさんの人のところを回りましょう。1人で回れないな
と思った人は，先生も一緒に行きますよ。同じ幼稚園だった人と回って
もいいですからね。では，始めましょう。

〜10分程経過〜

T：もしかして，まだしたいですか？

C：したい！

C：もっと○もらいたい！

T：では，延長しようかな。5分延ばします〜。

〜5分経過〜

T：まだしたい人もいますが，ここでおしまいです。先生のダンスが終わる
　　までに席に着きましょうね。（謎のダンス）

C：先生，何やってるの〜！

T：恥ずかしいので，早めに座ってもらえると嬉しいです笑

C：みんな，座ろう笑

〜着席〜

T：早めにダンスを終えられてよかったです。ご協力ありがとう。さて，ど
　　んなことに○を付けたのかな？手を挙げてもらおう。おにいちゃんがい
　　る人？あ，いるね，いっぱい。おねえちゃんがいる人？あ，あなたのお
　　姉ちゃん，知ってますよ。次，妹がいる人？

〜手を挙げ終わってから〜

T：今，いろんな人がいたね。先生も初めて知ることばかりで，なるほどと
　　思いました。さあ，もうすぐ休み時間です。自分と同じ遊びが好きな人
　　は見つけましたか？

C：いたよ！

C：あ，忘れちゃった！

T：忘れちゃった？あなたは，何が好き？

C：おにごっこ

T：おにごっこが好きな人，手を挙げて。あ，いっぱいいるねぇ。先生も好

きだよ。すぐ捕まるけど…。

「遊ぼう」って声をかけられる人？言うのが苦手だなって人？なるほど
ね。じゃあ、「遊ぼう」って言える人，どんどん遊びに誘ってあげよう
ね。

　活動を終えると，それまであった緊張感がなくなり，温かい雰囲気になっ
ていると感じます。そして，次の休み時間には「一緒に遊ぼう」と声をかけ
合う子どもたちがいます。
　この活動は，１年間に何度も登場し，その度に友達の知らなかった一面を
知ることができます。

このひとを　さがせ！！	
なまえ(　　　　　　　　　)	
◎あてはまるひとを　みつけて、〇を　もらいましょう。	
おにいちゃんが　いる	
おねえちゃんが　いる	
いもうとが　いる	
おとうとが　いる	
４がつうまれ	
じてんしゃに　のれる	
ぎゅうにゅうが　すき	
ぱんがすき	
おこめが　すき	
くだものが　すき	
おにくが　すき	
こうさくが　すき	
うんどうが　すき	
にじゅうとびが　できる	
ねんどが　すき	
おにごっこが　すき	
おえかきが　すき	

春休み

４月

5〜7月

夏休み

9〜12月

冬休み

1〜3月

（2） 友達を知る活動〜ビッグ名刺交換〜

この活動の最大の目的は,

> 絵で自分の好きなものを紹介できる＝自己開示

ということです。（1）でご紹介した「この人をさがせ」のように動く活動に抵抗を示す子どもがいる場合は,担任が中心に進めるこの活動をお勧めします。

裏テーマとして,

> 全員に声をかける
> 拍手の心地よさを教える

ということがあります。

〈活動の流れ〉

①真ん中に＿＿＿＿＿＿＿を印刷した画用紙を配る。

　配る際の声がけ等は,「この人をさがせ」と同じです。

②担任のお手本を見せる。

Ｔ：画用紙はみんなに渡りましたか？今から,この白い紙を好きなものでいっぱいにしてもらいますよ。（白い画用紙を黒板に貼る）

　書き終わったら,みんなで紹介し合いますからね。

　まず,この真ん中の□に名前を大きく書きます。もし書けないときは,先生が鉛筆で書くので,その上からクレヨンで書いてね。

〜名前を書こうとして,手を止める〜

Ｃ：先生,どうしたの？

T：……名前を忘れてしまいました。なんだっけ？山田花子だったかな。

C：ちがうよ！

C：めぐみ先生だよ！昨日，入学式で覚えたよ！

T：あ，そうだったね。ありがとう，思い出しました。（名前を書く）
　　次に，好きなものをクレヨンで書いていきます。まずは，これかな。
　　これはなんでしょう？

C：りんご？

C：さくらんぼ？

T：お肉です！

C：お肉なの笑

T：そして，これ。

C：え？網？

C：お箸？

T：焼肉です！

C：お肉じゃん！笑

〜そんなやりとりをしながら，担任の画用紙を仕上げる〜

T：さあ，私の画用紙はできましたよ。これを使って，あとで自己紹介しま
　　しょうね。では，みんなも描いていきましょう。

　子どもたちが作成中は，教室をぐるぐると回りながら全員に声をかけてい
きます。一人残らずです。声をかける時は，どこをほめているのか指さすと
子どもに分かりやすいです。

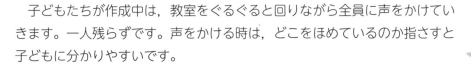

色づかいが上手だね。
本物みたいだね。
丁寧に書いているね。
大きく書けたね。

など，特別なことは言わなくてもいいです。ただ，
・ほかの子どもと比べること
・「これは上手だね」など「は」を使うこと
を避けてください。

～全員書き終えたら～

T：では，順番に書いたものを見せてもらおうかな。

　　その時に，恥ずかしいなって人は，近くの友達に手伝ってもらってもいいですよ。もちろん，先生もお手伝いします。

　　先生がお手本をやってみますね。北森恵です。好きなものは，お肉と焼肉とハンバーグです！

C：全部お肉じゃん！

T：そうです！先生はお肉が好きなので，給食でお肉が出たら先生が全部食べます。

C：駄目だよ！笑

T：冗談です笑

　　じゃあ，この列からいきますよ。○○さん，やってみようか。

C：○○です。好きなものは～と，～と～です。

T：なるほど。○○さんと同じって人いますか？

C：挙手

T：○○さん，同じだって。一緒の人がいると，うれしいねぇ。

　　では，ドキドキしていただろうにがんばってくれた○○さんに拍手しましょう。

　　拍手の上手なやり方知っていますか？「強く，細かく，元気よく」なんだそうです。こんな感じです。
（やってみせる）

　　では，○○さんに拍手～！

全員：パチパチパチパチ！
Ｔ：○○さん，よかったね，みんな拍手してくれたね。
Ｃ：がんばってよかった～。
～この流れで全員終える～

　拍手の指導に関しては，赤坂真二先生の実践を参考にさせていただきました。

　この活動のよさは，この画用紙が残ることです。そのまま掲示しておくと，絵の前に立って「○○さん，これが好きなんだね」「△△さん，私と同じなんだ」と話している子どもが出てきます。
　お互いを知るということは，今後つながり合うことへの第一歩ですし，「これが好きです」という友達の話をじっくり聞く時間というのは「共感性」への第一歩だと思います。

春休み

4
月

5〜7月

夏休み

9〜12月

冬休み

1〜3月

まとめ

①学級びらきでクラスの友達に目を向けるきっかけをつくる。
②担任として浸透させたいことや子どもと関わる際に大事にしたいことなどを「裏テーマ」としてもつ。

3 学年びらきで，つなぐ大人の手を増やす

（1） 学年の先生，みんなが担任

「学級びらき」の前後で，ぜひ行ってほしいのが「学年びらき」です。

名前の通り，「学年」で集まって，各学級の担任の顔と名前を知り，学年のみんなで楽しいことをして過ごす時間です。ほんの10分程度で構いません。

ある年は，副主任が作詞した「勇気100パーセント」の替え歌を学年で歌いました。ギターやタンバリンなど，それぞれが楽器を持ち，子どもたちの手拍子に合わせて。

では，学年びらきで何をしたらよいでしょうか。

しかめっ面で子どもたちの前に立たなければ，何をしてもいいと思います。学年の先生たちの個性が発揮されれば尚よしです。ただ，楽しそうに子どもたちの前に立つだけでいいのです。子どもたちが，

「自分の担任の先生以外の先生も，なんだか楽しそう」

「先生たちも仲良しなんだな」

「楽しいな。他のクラスのみんなも笑ってていいな」

と思ってくれたら最高です。

以前担任した学年では，「先生たちの仲がいいことを子どもたちも知って

いる」と保護者から言われました。担任が一枚岩になっていることは，保護者にとっても安心材料になります。

　学年びらきは，学級の子どもたちを，担任1人ではなく，担任のみんなで見ていくんだという宣言でもあります。つなぐ手は多いほうがいいのです。もしこの先，担任の手が届かなくても，同じ学年の先生が「こっちだよ」と子どもたちの手と手をつなぎ直してくれます。

（2）　集まったときの振る舞いを教える

　学年全体で集まると，がやがやします。1年生ですから，がやがやするものです。ましてや学年びらきと言うだけあって，入学式以来，初めて全員集合するのですから。

> 　人の話を聞くときのマナーは，クラスでも学年でも一緒

ということは，学年びらきで伝えたいことの1つです。
　あの先生の時はよくて，この先生のときはダメだ…というような，指導のむらをなくして，マナーというのは相手を問わないということを教えます。

> 　目と耳と心で聞く。
> 　静かに聞いている人の邪魔をしない。

　そういったことを，子どもたちの姿から教えていきたいものです。
1組担任：2組の○○先生，そこに座っている2組の子は，なんてお名前ですか？
2組担任：△△さんです。
1組担任：ずっとこっちを見てお話を聞いてくれて，うれしかったです。ありがとうね，△△さん。

春休み
4月
5〜7月
夏休み
9〜12月
冬休み
1〜3月

2組担任：3組のあなた！名前は？□□さん？挨拶の声が響いていましたね。気持ちいいよ。

3組担任：4組のあなた達，ずっとおしゃべりしないで聞いていたよね。集中力におどろきました。

4組担任：1組のこの人たちも。真っ先に手拍子してくれてうれしかった。みんなも真似してくれたね。ありがとう！

1組担任：これからよろしくお願いしまーす！

担任4人：先生たちから，1年生みんなに大きな拍手〜！！

　つながりのきっかけは，第一印象にも左右されます。笑顔でインプットされていれば，子どもたちは自分から「先生，あのね」と声をかけに行けます。話しかけやすい担任たち。それを学年びらきで印象づけたいのです。

まとめ

①笑顔の担任を印象づける。
②子どもの参加態度から，あるべき姿を示し，指導のむらをなくす。

4 授業びらきで，つなぐ手をつくる

　各教科の最初の授業を「授業びらき」として大切にしている先生は多いと思います。

　ここでは，授業びらきで私が心がけていることをご紹介します。

（1）　交流の場面をつくる

　なんといっても1年生です。

　椅子にずっと座っているのは，大きな負担です。その上，「ぐーぴたおひざ」を強要されるのであれば，もう「小1プロブレム」への階段をひとつ上ることになります。

　私は，各教科のはじめにちょっとした交流ゲームを入れたり，授業のどこかで動ける時間をつくったり，体を動かすことを入れています。

　国語であれば，「たんたんたたたん」などの音読に合わせて子ども同士をハイタッチさせたり，算数であれば「数字を集めよう」と言って友達の誕生月の数字を集めたり，スキンシップやお互いを知ることができるような活動を入れます。

　これからのことを考えても「授業＝ずっと座っている窮屈なもの」というイメージをもたせたくないのです。

（2）　ルールでしばりつけない

　授業のはじめに，様々な決まりを説明することは避けています。

　昔は様々な「学習規律」を揃えることを指導力だと思っていましたが，いつしかそれを自分自身が苦しく感じるようになっていました。そして何より，1年生に「怒涛のルールラッシュ」をしても，一度に覚えられるわけもありません。ルールを強いるということは，ルールを守らせるための指導，ルールのためのルールが増えていきます。

以前担任したＴくんは，棚の上に上ってしまう子でした。そして，常に裸足でした。若かった私は，「やめなさい」「危ないでしょ」と追いかけていましたが，ふと他の子どもたちの視線が目に入りました。

> **そんなこと気にしてるの，先生だけだよ**

　そんなことを言いたげな，悲しそうな目でした。また，様々な場面で私の分身のようにＴくんのことを責め始めていました。それを見ていると，

> **Ｔくんのせいで，先生はこっちを見てくれないじゃないか**

という不満をぶつけているようにも見えました。

　Ｔくんは，棚に上りますが，授業を妨害することはありません。そればかりか，棚の上で私の発問に手を挙げていました。そう思うと，危険だなと心配はありつつも，Ｔくんをしつこく注意することはやめました。
　裸足でいることも，Ｔくんが暑がりなことが原因のように思ったので，

> **Ｔくん，暑いんだったら裸足でもいいか**

と声をかけました。すると，他の子どもたちも「先生！実はぼくもずっと暑くてむずむずしていました！」と言うのです。

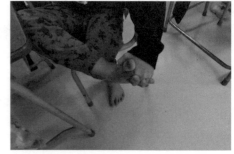

　その日から，
　「暑いときは脱いでいい。でも靴下や靴があちこち行かないように，椅子の下でお留守番にしよう」

「廊下は画鋲が落ちていることもあるし，靴の人とすれ違うとき踏まれると痛いから，履いていよう」
というクラスのルールができあがりました。

子どもたちの幸せにつながるルールは，こうして決まっていきます。逆にこちらがルールを示す場合には，子どもたちが納得できるルールにしていくことと十分説明することを心がけています。

（3） 子どもには失敗させないが，担任は失敗して見せる

授業びらきでは，子どもたちが失敗しない内容を選び，全員に達成感をもたせたいものです。しかし，担任は失敗してみせています。

T：黒板に書いてみるね…あっ！（チョークが折れる）
C：折れちゃったね。
C：大丈夫？
T：今，すごくうれしかったな。だって，先生が失敗しても「えー！」とか「だせぇ」とか言う人，いなかったでしょう？（いても取り上げない）○○さんなんて「大丈夫？」って心配してくれていたよね。うれしい。優しい人がいるクラスで幸せだなぁ。

T：では，「あ」を書いてみると…（と，言いつつ「お」を書く）
C：先生，それ「お」だよ
C：「あ」はこうだよ（空書き）
T：いやー，間違えちゃったね。でも，間違えるとこうして教えてくれる人がいっぱいいるんだね。心強いなぁ！
C：大人も間違うんだね。
T：そうだよ。大人だって間違えてばっかりだよ。だから，子どものみんなも間違えてあったり前なんだからね。

春休み
4月
5〜7月
夏休み
9〜12月
冬休み
1〜3月

子どもたちは，大人が失敗することや間違えてあたふたする姿を面白がります。そこには「大人は失敗しない」という先入観があるからでしょう。でも，それを覆すことで，子どもたちは失敗への恐れを軽減させます。

　「失敗するのでは」と思ってつながれないより，「失敗しても何とかなる」という楽観的な雰囲気を，初めのうちに学級内に漂わせていけるといいなと思います。

（4）「待たずに待つ」

　1年生に限らず，作業などの時間，朝や帰りの準備の時間には個人差があります。そんな時に，全員揃うまで微動だにしないで待つというのは，とても苦しいです。待つ方も待たせる方も，どちらにとってもよい方法が，

> 　待たずに待つ

です。

　国語で「教科書を用意しましょう。○ページを開きましょう。開いた人から，先生と一緒のところを読みますよ」と言って，子どもたちが教科書を開きます。子どもたちが教科書を出したタイミングで，音読を始めます。指定したページを開いた子どもから，その音読に合流します。

　算数で「ブロックを出しましょう。出した人から，先生と同じ数を並べてみよう」と言って，「1」と言ってブロックを1個黒板に置きます。「2」と言ってブロックを2個置きます。ブロックを用意した子どもから，そのブロックを置く活動に入ってきます。

　全員準備できた段階で，「じゃあ，始めようか」と言えば，「○○さん，早くして」などの叱責はいりません。1年生への担任の影響力は大きいので，

「早くして」「ちゃんとしてよ」などは，すぐに子どもたちに言葉づかいが移っていきます。

　帰りの準備も手間取る子どもがいますが，私はダンスをしながら待っています。YouTube のダンス動画を映して，準備が終わった子どもから一緒に踊ります。最後は全員踊っている状態です。

　「待たずに待つ」ことで「待たせていることの罪悪感」をなくし，「早く準備して〜したい」というわくわくをもたせることができます。そして，その先には，友達とのふれあいや音読などの一体感があるのです。

春休み

4月

5〜7月

夏休み

9〜12月

冬休み

1〜3月

まとめ

①交流の場面をつくって，「授業＝窮屈」にしない。

②ルールでしばりつけず，子どもの思いからルールを生み出す。

③失敗して見せることで，失敗を恐れない雰囲気をつくる。

④待たずに待つことは，罪悪感ではなくわくわくで子どもを動かす。

5　3つの基地をつくる

　私が出張でいなかった日のことです。不在の間，学習計画の中に「学級活動・係活動」を設定し，前日にも子どもたちにも伝えてありました。

　出張当日，代わりに入ったのは教務の先生でした。係活動を子どもたちが進める中で，あるイベントをしようとなったようです。教務の先生が，「それは恵先生に確認してからの方がいいんじゃない？」と子どもたちに尋ねたのですが，子どもたちから返ってきたのは，

> **先生は僕たちがしようとすることに絶対反対しない**

という言葉だったそうです。

　また，ある日は，朝からFさんのお母さんから電話がありました。

　「先生，Fは今，熱が38度あるので欠席させたいのですが。でも，どうしても学校に行くと言って玄関から離れません。先生から言い聞かせていただけないですか」

　このような電話は初めてだったので驚きました。Fさんに電話を代わってもらい，話を聞きました。

T：Fさん，お熱あるの？しんどいねぇ。

F：でも…学校行きたい（泣き声）

T：うんうん，今日，Fさんの係の集会あるもんね。いっぱい準備してきたから，出たいよね。

F：うん。

T：先生がFさん休みだよって係のみんなに言ったら，何て言うと思う？

この問いに，Fさんは少し考えてから，こう答えました。

> 「集会，別の日にしよう」って言うと思う。

T：そうだねぇ。先生もそう言うと思うなぁ。Fさん，今日は体もしんどい
　　し，しっかり治してから集会しない？
F：わかった。今日お休みして，ちゃんとお薬飲んで治す。
T：うんうん，そうしようか。お母さんに代わってくれる？

　このやりとりで私がうれしかったのは，Fさんが欠席すると知った係の子
どもたちが「集会は別の日にしよう」と言うはずだと，Fさんが分かってい
ることでした。
　そして，実際Fさんが欠席と知った子どもたちは，口々にFさんの体調を
心配し，あんなに楽しみにしていた集会について「じゃあ，来週にしよう」
と当たり前のように延期を決定したのでした。周りの子どもたちもそこに異
論を唱えませんでした。そればかりか，「楽しいことは後回しの方がいいよ
ね」とポジティブに捉え直していました。こういう言葉が子どもたちから出
てくることが，私は目指すゴールの一つだなと思います。

　これらのエピソードは，どれも1年生を担任した時のことです。
・「自分たちがしたいことを先生は止めない」という安心感のもとでチャレ
　ンジングなことを始めようとしている子どもたち。
・係活動のメンバーとのつながりを思い，安心して休むことができたFさん。

　4月は，「安心・安全・探索」の「3つの基地」を子どもたちが担任や友
達との関係の中で築いていけるような取り組みをたくさん仕掛けていきます。
その中のいくつかを，これからご紹介します。

（1）　お互いを知ることから人間関係は始まる～あいさつリレー～

時　　間：朝の会。5分程度。

目　　的：質問に答えてもらうことで，教室には色々な人がいることに気づく。

約　　束：他の人が答えたことに「おかしい」「変だよ」など否定的にコメン
　　　　　トしない。
　　　　　自分と違うなと思ったら「なるほどね」，「○○さんはそうなんだ」
　　　　　など，否定しない言い方で返す。

準備物：名簿と鉛筆。余白に自分で決めた質問を書いておく。

方　　法：

①名簿を持って，他の子のところに挨拶に行く。

②じゃんけんをして勝った子どもから質問をする。質問の答えには，何か一
　言コメントを返す。

A　：Bさん，おはよう。

B　：Aさん，おはよう。

AB：じゃんけんぽん！

A　：勝ったから，私から質問する
　　　ね。今日の朝ご飯は？

B　：パンと目玉焼きを食べたよ。

A　：あ，私もだ。

B　：じゃあ，今度はぼくが質問するね。好きな恐竜は？

A　：恐竜かあ。よく知らないんだよね。

B　：そうなんだ。プテラノドンがお勧めだよ。飛んでかっこいいから。

A　：へぇ。飛ぶのもいるんだ。

B　：じゃあ，サインしよう。（名簿の自分の名前の欄に○をつけあう）

A　：次は，まだ○をもらってないCさんのところに行こう。

③上記の流れを，タイマーが鳴るまで行う。

　数日繰り返すと，全員の名前に○がつく子どもが出てくるので，新しい名簿を渡し，質問も変更してよいことを伝える。

④1週間ほど続けて，感想を聞く。

C：ぼく，いつも朝起きるの遅いんだけど，「朝起きるのが苦手ですか」って聞いたら，たくさんの人が苦手だって答えてた。

D：恐竜のこと知らないんだけど，Bさんがプテラノドンがお勧めだよって教えてくれた。図書室の本も休み時間に見せてくれた。

E：朝ご飯はみんなパンなのかと思ったら，ラーメンとかコーンフレークの人もいたからびっくりした。

T：クラスの中には，いろいろな人がいますね。また明日からもあいさつリレーで，新発見していこう。

（2）　絵本の世界を疑似体験し一体感を味わう～読み聞かせタイム～

時　　間：いつでも。

目　　的：読み手の担任と聞き手の関係づくりにつながる。
　　　　　絵本の世界を一緒に疑似体験することで，聞き手である子ども同士につながりが生まれる。

約　　束：途中で飽きた場合は，騒がず静かに待てる方法で待つ。

準備物：絵本や紙芝居。

　元来3日坊主の癖がある私は，「1日1冊は絶対読む」と決めて，司書の先生に「毎日1冊以上読むので，絵本をまとめて貸してください！」とお願いし，怠けないように退路を断ちました。司書の先生に「今日はこんな反応でした」と伝えるようにしていたので，絶対やらなければという状況に置いていました。

春休み

4月

5～7月

夏休み

9～12月

冬休み

1～3月

そして，「明日はこれを読む」と決めた本を，いつも子どもたちからも見える定位置に置き，「ねえ，明日はこれ？」「これ，幼稚園で読んだことあるよ」と子どもたちの反応を引き出します。忘れっぽい私も，「これを読むんだ」と毎日自覚できました。

　絵本を読み聞かせていると，子どもたちは次々にいろんな発言をします。それを不規則発言として捉えるのではなく，「読み聞かせに参加している」と考えます。

Ｔ　：今日は，これを読むよ。
Ｃ１：あ！それ知ってる！
Ｃ２：私も読んだことある！
Ｔ　：そうなんだ。じゃあ，読むね。むかしむかし…
Ｃ３：えっ！どうしてこうなるの？
Ｃ４：俺，パンチしてやる，こんな鬼！
Ｃ２：やめてよ，怖いよ。
Ｔ　：（読み進める）
Ｃ３：え，かわいそうになってきた。
Ｃ４：俺だったら，こんなことしない。
Ｃ１：さっき，パンチするって言ってたのに？
Ｃ２：Ｃ４さんも，実はやさしい鬼と同じなんじゃない？

　読み聞かせ中の発言があると，騒々しく感じることもあるのですが，こういう発言が出てくるのは，絵本の世界に入っているからでしょう。子どもたちは絵本の中で起きていることを，想像の中で共有し，話し合っています。よく見てみると，あまり接点のない子ども同士も読み聞かせでは一緒に笑い合っていたり，「これ，おかしいよね」と会話したりしています。
　１冊読み終える頃には，１つの旅を終えたように一体感が生まれています。

絵本は，現実世界では起きないことを子どもたちの心に起こしてくれるのを感じます。

（3）　子どもたちのよさを「見せる化」

　「自分たちは，なかなかやるじゃないか」「わたしはこんなに素敵なことをしているのか」と，子どもたちが自分の行動に価値を見出すことは，自信を生みます。そして，それは，人とつながるための第一歩にもなります。常に子どもたちの目に「自分たちのよさ」が飛び込んでくるように，「見せる化」します。

担任が見つけたよいところを写真に収め，印刷して，色上質紙に貼ります。その写真に短くタイトルや説明などを加えてから掲示します。「1日1枚」を心がけるとよいです。あまり頑張りすぎると1年間続きません…。

　帰りの会で，子どもたちがその日見つけた自分や友達，クラスのいいところを発表します。担任は，それを聞いてカードに書き，その日の分をつなげて掲示します。まだ４月では文字がうまく読めない子どももいますが，長くつながっているのを見るだけでも，子どもたちは「いっぱいいいところがあるねぇ」と嬉しそうにしています。

　登校すると，昨日の分のカードを見つけて，おしゃべりしています。

まとめ

①お互いを知る活動を毎日行うことで，共通点や相違点に気付かせる。

②読み聞かせで，絵本の世界を疑似体験し，一体感を味わう。

③友達のよいところにスポットライトを当て，お互いを認め合う雰囲気をつくる。

6 担任としての5つの決意

5では，3つの基地をつくるための取り組みの例を挙げましたが，担任としても以下の5つのことを心がけています。

（1） 返事のテンションを揃える

これは，気分によって子どもへの対応を左右させないということです。

「先生」と呼ばれて，忙しさのあまりプリントから目を離さないまま「え？」と空返事をしたり，無言でスルーしたり，「ちょっと待ってて」と拒否したりすることが続くと，「先生の機嫌を窺わなくては」と緊張が生まれます。

同僚に対してもそうですが，できるだけ同じ「はい」を返せるように，「はい」のテンションを固定しています。それが「困ったときにすぐ話しかけられる」ことにつながっていきます。

（2） ネガティブをネガティブで返さない

例えば子どもに「水筒を落として壊れました」と言われた時，どちらで返しますか？

A　あんなところに置いておくからでしょう。教室の中も走っていたんじゃないの？落とすの当たり前でしょう。

B　見せてごらん。ああ，本当だ，壊れちゃったね。好きなキャラクターで気に入ってたのにね。あなたに怪我はない？

「水筒を落として壊れました」というのは，「水筒が壊れて悲しいです」と訴えに来ているのでしょう。「悲しい」というネガティブな感情を，担任に癒やして欲しいと思っているのです。そこに「あんなところに置いておくからだ」等のネガティブな言葉をぶつけたら，担任はその子どもの安全基地となり得るでしょうか。

　きっと，こうやって「水筒が壊れた」という子どもの周りには，他の子どもたちも寄ってきます。その時の担任の態度は，子どもたちのモデルとなって映ります。担任が「大丈夫？」「壊れて悲しいね」そんな言葉をかけていると，きっと子どもたちもそれを規範として「かわいそう」「直せないかなぁ。見せて」等，その子の思いに寄り添おうとするでしょう。それが「失敗しても責められることはない」という雰囲気のもとになると思います。

（3）　子どもがしようとしていることは，徹底して見守る

　学校生活の中で，子どもたちは様々なチャレンジをしています。
　１年生を担任していると，危なっかしくてハラハラすることがあったり，「もう少しこうしたらいいのに」と思ったりすることがたくさんあります。そこに「ここはこうして」「それはうまくいかない」「こうやって作って」と口を出したり，先回りしたりするのは「監視」です。それを続けていると，いつまで経っても担任の手を離すことができないでしょう。

　「徹底して見守る」というのは，子どもからそっと「目をそらすこと」だと思います。しかし，「いつでも側にいるよ」という姿勢は，伝えていきましょう。

　子どもたちは，基地とその外を行き来しながらチャレンジしていきます。「うまくいかなかった」と落ち込むときには「次はどうするか一緒に考えよう」と寄り添い，「できたよ」と凱旋したときは「よかったね」と喜びを分

かち合う存在でありたいですね。

（4）「自分で考えなさい」を言わない

　皆さんは，子どもたちからこのような質問を受けた経験がありませんか？
「先生，黒板消してもいい？」
「先生，ご飯残していい？」
「先生，トイレ行ってもいい？」
という「先生，○○していい？」です。

　１年生の担任を初めてしたとき，１年生はなぜこんな質問をするんだろう？と不思議でした。「ダメです」と言ったところで，彼らはそれをしたいのです。
　それでも，「いい？」と聞いてくるのは，
「先生，黒板消してもいい？」→「きれいに消せるか見守って下さい」
「先生，ご飯残していい？」→「もうご飯が食べられなくて，残すのがすごく悪いことのような気がします」
「先生，トイレ行ってもいい？」→「授業中にトイレに行くことはダメなんじゃないかってドキドキします」
というような，これからする行動に「不安」「罪悪感」「後ろめたさ」が伴っているからです。

「先生，黒板消してもいい？」に「ありがとう，助かるよ」
「先生，ご飯残していい？」に「おなかいっぱいになったね」
「先生，トイレ行ってもいい？」に「慌てず行くんだよ」
　そんなふうに「どうぞ」とにっこり返すことで，「よし，大丈夫だ」と自分で行動できます。

　すると，「先生，きれいに消せたよ」「先生，お皿きれいにして片付けた

春休み

4月

5〜7月

夏休み

9〜12月

冬休み

1〜3月

よ」「先生，走らないで帰ってきたよ」と，自分でできたことを報告に来るでしょう。

　質問そのものをしたい場合もありますが，その質問に答えてもらうことが，「質問をすることで安心したい」「先生がいつでも戻れる場所である」というつながりの確認作業になっていることもあります。
　「自分で考えなさい」「そんなこといちいち聞かない」と言うことは，一見自立を促しているようでいて，担任とのつながりを切り，子どもの自立を妨げることにもなりかねません。

　「先生，～していい？」は「先生，自分でやるね」の前段階です。そこを通ることは，成長の過程で必要なことでしょう。「また聞くのか」と思うことでも，丁寧に返していきましょう。

（5）　優しさと厳しさで接する

　安全基地・安心基地といっても，なんでも「いいよ」と接していることが正しいわけではありません。時には譲らない厳しさも必要です。

　例えば，掃除の時間。
　「雑巾がけなんて嫌だ！ほうきならやる！」
と言う子どもがいたとします。同じ担当場所の子どもは困った顔をしながら掃除をしています。あなたは何と返しますか。私は，
　「雑巾がけが嫌いですか。今日は暑いしねぇ。でも，それがあなたの役割ですよ。あら，○○さん，雑巾がけがまっすぐで気持ちいいね。△△さん，もう5回したの？さて，あなたと先生で雑巾がけ競争でもしますか」
と返すと思います。
　それでも「嫌だ」と言い続けたとしても，ほうきを渡すことはありません。罰を与えることはありませんが，妥協することもしません。伝えるべきこと

だけ伝え，その場を離れます。

　以前受け持った子どもたちに言われたことがあります。

　「恵先生は，教室でどんなことが起きても笑っている。でも，自分たちが間違ったことをした時は，絶対に譲らない」

　「先生のいいところは，悪いことをしたらちゃんと叱ってくれたところ」

　厳しさというのは，そういう「ぶれない担任」であることだと思います。時には，子どもにとって「思いが通らない」と腹立たしいこともあるかもしれませんが，「いつでもこうして正しい方を守ってくれる」という安心感にもなります。

　「安心・安全・探索」の３つの基地があってこそ，今後行う様々な仕掛けやシステムは効果を発揮していくのです。どんな緻密に考えられた手立てもシステムも，この３つの基地なくしては成功しないのです。

　４月は，子どもたちと秘密基地をつくるようなワクワク感をもって，この「基地づくり」をしていきましょう。

> **まとめ**
>
> ①返事のテンションを固定して「話しかけやすい担任」になる。
> ②ネガティブな感情に温かく接し，「失敗しても大丈夫」という基盤をつくる。
> ③徹底して見守ることで，子どもたちが失敗も成功も味わえるようにする。
> ④子どもの質問に温かく応え，つながりを確認させる。
> ⑤優しさと厳しさをもって子どもたちと接し，安心感をもたせる。

春休み

4月

5〜7月

夏休み

9〜12月

冬休み

1〜3月

3 自らつながる集団づくり

5〜7月

　担任は，例えるならどんな存在でしょうか。かつて，私は，「先生はすごい」と言われたいと願っていました。

　自らが「船長」として航路を決め，舵を取る船に子どもたちを乗せ，航海に出ました。航海中飽きないように様々な催しをしました。しかし，その結果生まれた実践では，子どもたちを「楽しく」はしましたが「幸せ」にできたのだろうかと思います。私と子どもたちはつながっていたけれど，子どもたち同士はつながっていたのだろうかと。

　今，私が考えるのは，担任は「船の設計士」ではないかということです。

　その船に乗って大海原に漕ぎ出すのは，子どもたち自身です。それぞれの役目を果たしながら，航海を進め，新大陸の発見も，嵐の中での大冒険も，航海中の失敗談も，すべて彼らの物語となります。その航海の途中で船が壊れてしまわないように，設計士は船を造るのです。そして，ハラハラしながら港で彼らの航海の無事を祈るのです。

　航海を終え，港に帰ってきた子どもたちは，口々にこう言うでしょう。

> **自分たちはすごい**

　そのための「船」を造るのが，5〜7月です。船を造れば，やがて子どもたちは手に手を取って，基地から自ずと漕ぎ出していくでしょう。

　3つの基地を基盤とした「自らつながる集団」づくりが，ここから本格的に始まります。

① 学級目標で学級づくりに参画する

（1）　学級目標がなぜ必要なのか

　ゴールデンウィークが明ける頃には，入学式から１ヶ月が経ち，学校生活のリズムや同じ学級にいる子どもたちのことも分かってきます。「自分は１組」というような，うっすらとした所属感も芽生えてきます。「こんなクラスになりたいな」という，１年生なりの思いも膨らむ頃です。まさに，学級目標を話し合うグッドタイミングです。

　ここで一つ質問です。
　「なぜ学級目標が必要なんですか？」
　これはよく若い同僚に尋ねられることですが，みなさんなら，どのようにお答えでしょうか。私は，

> 　学級目標が必要というより，決めるための話し合いこそが必要なんです。

と答えています。
　学級というのは組織です。組織というのは，目標を共有する集団です。目標を決めるときには，子どもたちが個々に思いや願いをもっていることが必要です。つまり，学級目標を決めるということは，

> 　子ども自身の願いを自覚させること

なのです。そして，その願いをアウトプットすることは，

春休み
4月
5〜7月
夏休み
9〜12月
冬休み
1〜3月

と考えます。

　学級目標を決めるにあたって，子どもたち自身の願いを自覚させ，アウトプットさせることで，学級は「学ぶ集団」への第一歩を歩み始めます。

　個々の願いをもっていない学級は，ただの「群れ」です。子どもたちの「群れ」は向かっていく方向がなく，ただ担任が言うことに従うだけになってしまいます。

　それはいつしか，「大人の言うことを聞いていればいいや」「誰かのアイディアに乗っかればいいや」「自分は何も成すことはできない存在だ」「自分がうまくいかないのは，○○のせいだ」と考える負の「心の癖」になってしまいます。

　失敗も成功も，うまくいかないこともいくことも，自分の挑戦の足跡だと思える人生を歩んでもらいたい。そのためには，１年生から負の「心の癖」をつけるわけにはいきません。

　１年生でも，願いをもつことはできます。自分はどうしたいのか，どうなっていきたいのか，それを全員で出し合っていき，集約していく過程を通して，１つの目標に昇華されていきます。

　（２）では，実際の話し合いの様子をできるだけ忠実に再現してみます。

（２）　個の願いを反映させた学級目標

　「自分の願いをもち，学級目標を決める」ために，実際に私がした話し合いは以下のような流れでした。

　Ｔ：じゃ～ん！（学級目標の掲示に使う全紙を見せる）

C：大きい紙だね！

T：これは，学級目標を書く紙です。これから，学級目標を決めていきます。

C：学級目標ってなに？

T：（黒板に階段を描く）これは，4月の階段ね。今は5月だから，そこから1つ階段を上っています。

そして，6月，7月…（と，子どもと声を合わせながら階段を描いていく）3月，そして2年生の4月…と，階段はずっと続いていくんだよ。

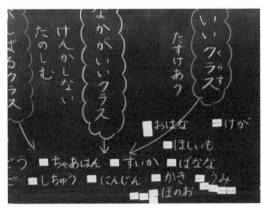

C：いつまで？

T：ずっとだよ。みんなは，これからずっと階段を上っていくの。時々，「疲れたな」って休むこともあるし，ちょっと下りてみようって思ったり，2段跳びで行くこともあるかもしれないけどね。

学級目標は，その中のここ（1年生の3月を赤で囲む）に立った時に，「このクラスは○○だな」と思っていることだよ。（棒人間と吹き出しを描く）1人ずつ聞いてみるね。5分考えましょう。友達と相談してもいいですよ。

〜5分後〜

T：では，この列から聞いていこうかな。○○さんから順番にどうぞ。

C：このクラスは，いいクラスだな。（板書していく）

C：このクラスは，仲がいいクラスだな。

C：このクラスは，がんばるクラスだな。

～全員答えた後～

T：なるほどね，いろいろな意見が出ましたね。すごくたくさん出てきて，
　　一人ひとりが自分だったらどう思っていたいか考えることができていま
　　したね。
　　ところで，みんな，ミックスジュースって知ってますか？

C：いろんな果物入っているジュース？

T：先生は，このみんなの意見から１個選ぶんじゃなくて，ぎゅっと１つに
　　まとめたいのよ。みんなの意見をぎゅっとしたら，何になるかな。

C：ラーメン。具がいっぱいで，スープもあって，麺もあるから。いろいろ
　　楽しめる。教室も楽しいこといっぱいだから。

C：チャーハン。いろんな味がするから。クラスにいろんな人がいるのと同
　　じ。

C：ぶどう。つぶつぶが，このクラスのみんな。なかよしで集まってる感じ。

C：スーパー。いろんなもの売ってるし，楽しいし，おいしいから。

C：スーパーってラーメンも，チャーハンも売ってる！ぶどうも！

C：あ，スーパーいいね！

C：スーパーって，「すごい」って意味もあるよ。

～と，盛り上がってくる～

T：でも，スーパーでまとめちゃったら，せっかく出てきた意見を忘れてし
　　まいませんか？

C：忘れないように，一人ひとりの意見を書いておくといいと思う。

C：あの大きい紙に書くんでしょう？「スーパー１組」って書いて，そこに
　　意見も書くといいよ。

T：書けるかな？そんなにいっぱい。

C：じゃあ，「なかよし」とか「がんばる」とか，まとめたのを書く？

C：絵にしたら？例えば，「がんばる」はメラメラの炎で…

　　このような話し合いで，以下のことが決まりました。

①学級目標は「スーパー１組」

②掲示する紙には，「スーパー１組」の文字と，海と炎の絵。そこに全員の顔の絵と考えた目標に合う絵を貼る。

　話し合いの所要時間は２時間。途中で休憩を入れましたが，休み時間も「どんな絵にするか」と友達と話し合う子どもたちが多くいました。それだけ，話し合いが白熱していたということでしょう。

　次の日に，学級目標の掲示を作りました。文字は私が枠だけ印刷しましたが，色塗りは自分が描くものが終わった子どもたちがしました。背景の炎と海は，鉛筆で線を引いておき，手の空いた子どもから絵の具で塗ってもらいました。

　「学級目標をつくる」という過程そのものが，子どもたちにとって協働作業になったと思います。いろいろな意見を出し合い，その意見を受けて自分の意見を出したり，友達の意見をフォローしたりすることが，その時点ではまだ決まっていない学級目標に，すでに向かっているという不思議な現象になっていきます。

　そして，次の日には，他のクラスの友達に掲示を見せて「これはこういう意味があるんだ」「この炎と海っていうのは…」と説明している子どもたちがたくさんいました。話し合いによって「ぼくたちは１組」「わたしたちの学級目標はスーパー１組」という所属感を強める機会になったのだと思います。

まとめ

①子ども一人ひとりの願いを自覚させ，学級目標の話し合いを通して，学級づくりに参画させる。

②友達の意見に耳を傾けながら，１つの学級目標や掲示づくりにつなげていくことで，所属感をもたせる。

春休み

４月

5〜7月

夏休み

9〜12月

冬休み

1〜3月

2 係活動

（1） チームフローを生む係活動

　係活動は，子どもたちが自分の「好き」を駆使して，学級を前へ進めていくものです。「なすことによって学ぶ」という特別活動の方法原理をまさに体現している活動とも言えます。

　好きなことを各々が好きなように進めている状態は，一見クラスがバラバラのように思えますが，「学級のみんなのため」というゴールが定まった状態で係活動が活性化していくと，学級が丸ごと協働している状態になります。それをここでは，学級の「チームフロー」と呼ぶことにします。

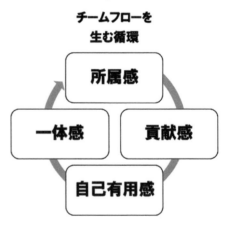

　自分の選んだ係で友達と協働することで所属感が生まれます。そして，その係活動によって「友達が楽しんでくれた」「学級がいい雰囲気になった」と実感することで「貢献感」を味わいます。そして，「誰かの役に立った自分」という「自己有用感」が芽生え，それが学級の一体感に繋がり，さらに学級全体の所属感にも…とぐるぐると巡ります。

　このチームフローは，係だけでなく，学習においてもポジティブな影響を与えます。つまり係活動は，学級のエンジンにもなり得る，大切な活動なのです。

（2） 係活動を決める

　係活動は，以下の流れで決めることが多いです。

①係活動について説明する。

> 今日は，係活動を決めます。
> クラスには，「係」と「当番活動」というものがあります。当番活動というのは，日直・給食当番・掃除当番・一人一役です。これは，決められた仕事をすることです。係は，自分の好きなことをすることです。ふたつとも別々のように思えますが，当番活動も係も，「クラスのみんなのためにする」ということは同じです。

②自分が得意なことや楽しいと思うことを発表する。

> では，「これが好きだよ」「こんなこと得意だよ」ということを教えてください。（子どもたちが発表したことを板書する）

③自分のネームカード（マグネット）を持って，どの係をしたいか選び，ネームカードを黒板に貼る。

> たくさんみんなの得意なことや好きなことが出てきましたね。
> では，1学期の間，どれをして友達を笑顔にしたり，クラスを盛り上げたりしたいですか？1つ選んで，そこに自分の名前のマグネットを貼っていきましょう。

＊留意点：メンバーが一人になりそうなとき＊

「このまま1人でやる」「他の係と合併する」「別の係に入る」等の選択肢を示します。中には，「これは自分がやりたいことだから，1人でもやるんだ」「1人でやったほうが自由にできる」等，積極的に1人を選ぶ子もいるでしょう。それは決して「ぼっち」なのではありませんから，心配いりません。

ただ，申し送り等で「ひとりにされがち」という傾向が分かっている子どもや，仲間外れにされていると感じた場合は，事前の指導や，係活動の決め方を慎重に行う必要があります。

④全員名前を貼り終えたら，それぞれの係に分かれて自己紹介をする。

> では，同じ係になる友達と自己紹介をしましょう。こんなふうにしますよ。
> まず，名前を言います。「お肉係の北森恵です」
> つぎに，係で何をしたいのか言います。
> 「みんながお肉をおいしく食べるために，おいしい食べ方をお知らせするポスターを毎週金曜日に貼りたいです」
> これは例えばですからね。クラスのみんなに何をしますか？では，自己紹介しましょう。誰からスタートするかな？

⑤係ごとにイベントなど主要な活動内容と時間を決め，ポスターを作る。

> 自己紹介が終わったようですね。次はポスターを作ります。書く前に決めてほしいことがあります。何曜日のいつ，何をするかです。それを書くのはポスターのここです。（テレビ等に拡大して見せる）
> 自己紹介のときに，「こんなことしたいです」って発表しましたよね。それを「係のイベント」と呼びます。イベントがある日は，朝の会や帰りの会で「やりますよ」ってお知らせしてもらいます。

（3） 週に１度，振り返りを行う

週に１度，10分程度の振り返りをします。特別なワークシート等はいりません。振り返ることで，その経験から次の活動へのヒントが得られます。そのヒントは往々にして，友達のことを考えたものになります。

水曜日の朝の活動は，係活動です。１週間の係活動を振り返る時間です。みなさんの係活動で，友達はどんな様子でしたか？イベントではどんな顔をしていましたか？ポスターなどの作り物をした係は，みんな楽しんでくれていましたか？自由におしゃべりしてみましょう。

話し終わって，まだ時間があれば「次，こうしたいね」「次のために〜の準備をしよう」ってなれば，すぐに取りかかっていいですよ。

そんな話をしてから，係毎に集まって振り返りがスタートします。

例：ドッジビー係の振り返り
C：この前の昼休みのドッジビー大会で，○○さんが泣いていたね。
C：ドッジビーが１回も回ってこなくて，投げられなかったらしいよ。
C：じゃあ，今度からルールに「全員投げる」って入れよう。
C：１回投げた人は次の人に回せばいいね。
C：ルールの紙に付け加えよう。

振り返りの後は，すぐさま次の活動の準備に取り掛かる係がほとんどです。次にすべきことが明確になると，行動に移そうという意欲が増すのでしょう。

「やることをみんなが分かって動いているね。チームワークが最高だね」

「なんだかルールがグレードアップしたね。さらに盛り上がりそう」

など，係の子どもたちの間を回りながら，担任もわくわくしながら見守ってください。

春休み

4
月

5〜7月

夏休み

9〜12月

冬休み

1〜3月

（4）　思い立ったら行動できるように

　子どもたちで動くために，学級から無くしたい言葉があります。それは，

　先生，○○を使いたいので貸してください。

です。担任が許可しないと物を自由に使えないのであれば，担任がいない時
は，貸してほしいものをお預けの状態で待たなくてはいけません。その間に
意欲も時間も擦り減っていきます。ですから，係活動などで自由に使ってい
いものを，学級のどこかにまとめて置いておきましょう。

　ガムテープなどのテープ類，画用紙，コピー用紙などの紙類等，使うこと
が予想されるものは，「ごじゆうに」と置いておきます。

まとめ

①係活動により，各々が自分の好きなことで学級に貢献することで，
　学級が丸ごと協働している「チームフロー」を生む。
②好きなことや得意なことから係を決めることで，自分はクラスのみ
　んなのために何ができるかを明確にする。
③好きなことをするだけでなく，振り返りをすることで，さらに友達
　のことを考えるきっかけにする。
④学級内に自由に使える物をまとめて置いておくことで，担任を介さ
　ず，自分たちで活動を進められるようにする。

3　当番活動

　当番活動を始める際に，我々教員が心に留めておかなくてはいけないことがあります。それは，

> **当番の仕事をすることは，子どもにとって当たり前のことではない**

ということです。

　当番活動の中には，休み時間を使って行うものや，子どもにとって苦手なことなども含まれています。担任が「当番なんだからやって当然」という態度で接すると，１年生にとって「当番とはしんどいものだ」「当番をしてもメリットはない」と感じるもとになります。

　そして，当番活動における担任の仕事は，

> **担任の役割は，監視ではなくフィードバック**

です。

　「ちゃんと仕事をしているか」という視点で見守るのではなく，「自分がしていることが，誰かのためになる」といった充実感を味わえるような声がけ＝フィードバッグをしていくことが肝心です。

　「黒板がきれいで，すごく書きやすいよ。ありがとう」
　「水やりを忘れないから，毎日とってもきれいに花が咲いているね」
というような温かいフィードバックを細かく行っていきましょう。

　繰り返し述べますが，一人一役は，子どもたちが時間を割いて行っているものです。決して「働いて当たり前」ではないのです。当番活動に対し，素直に感謝を伝える教員の姿は，子どもたちにも広がっていきます。それによ

春休み
4月
5〜7月
夏休み
9〜12月
冬休み
1〜3月

って当番活動は協働の場になっていきます。

　子どもたちのつながりが作られ，そして，つながりが試される場にもなる当番活動。それを充実させること，達成感と貢献感をもって生き生きと取り組めるようにすることは，子どもたちのキャリア観も育てていきます。

> **人のために一肌脱ぐ。いざという時は，共に手を取り合う。**

　そんなつながりを生むために，当番活動のシステムとどのようなフィードバックを行っているか等について述べたいと思います。

（1）　給食当番

　給食当番は，基本的にグループでローテーションします。1か月交代くらいで役割も代わります。

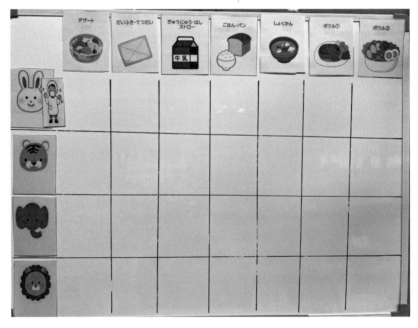

給食当番は，最初の頃は６年生が手伝いに来てくれる学校もあるのではないでしょうか。そのまま手伝ってくれることに甘えて，ただぼんやり準備されるのを待っているのはもったいないです。６年生に「こつ」を教えてもらいましょう。

　「食缶のスープをよそうときは，こぼさないように，こうやっておわんをお玉のところに持っていきます」など，１年生は６年生から伝授されることをキラキラした目で聞いていると思います。

　また，給食当番が始まる前に，「当番ごっこ」をします。ふきんで机を拭いたり，バケツに入れた水をお玉でお椀によそってみたり，実際に動きを練習することで，６年生から聞いた「こつ」が体にも沁みてきます。

　この「当番ごっこ」をした後は，連絡帳に「昨日，家でお味噌汁をよそいたいというので，怖いですが初めてやらせてみました。ちょっとこぼしましたが，本人はもう給食当番をやる気満々です」という保護者からのメッセージがあるほど，子どもたちは給食当番に向けてやる気十分になります。

　６年生からのレクチャー，「当番ごっこ」を経て，いよいよ給食当番デビューを迎えます。

　当番の子どもたちが身支度を整える間に，手の空いている子どもたちと配膳までの準備をします。重いご飯やお盆かごなどを運ぶのは１人ではできませんから，助け合いの場面がたくさん生まれます。ここでは，担任は極力手を出しません。「見守る」場面です。手は出しませんが，声は出します。

　「あ，食器のかごが重たいね。力持ちの人が手伝ってくれるといいんだけど」

　「今日はボウルが多いから，運ぶの大変だよね。お手伝い上手な人がいないかなぁ」

　そんなふうに大きめにつぶやくと「俺，力ある！お米10キロ持てる！」「ボウル，何個でも運ぶよ！家でもお手伝いしてるから」など，子どもたちは喜んで手伝いに来ます。

春休み

4月

5〜7月

夏休み

9〜12月

冬休み

1〜3月

準備するものが多い給食当番では，クラス全体で動く必要があります。そのため，「ありがとう」がたくさん生まれる時間でもあります。

「食器かご，Wさんが手伝ってくれて，当番さんが助かったね」

「ボウルいっぱいあったけど，みんなで運べて準備が早くできたね」

と，担任からもフィードバックします。それはいずれ，子どもたちの口から出てくるようになり，自分たちで「手伝って」が言えるようになります。そして，それに応えようと動くこともたちも生まれます。

　給食当番は1年生にとって重いものを運んだり，おなかがすいているのに配膳をしなくてはいけなかったりと，本来は負担が大きいものです。でも，そこに友達とのつながりができれば負担も軽くなりますし，友達のサポートを受けると「次は私が手伝ってあげよう」と考える子どもが多くなります。

　係活動で述べた「チームフロー」が給食当番でも生まれやすいと感じます。

（2）　掃除当番

　掃除当番も，子どもにとって「あまりやりたくないもの」のように思います。

・**面倒くさい**

・**汚い**

・**雑巾がけは疲れる**

　そんな子どもたちの声を実際聞いてきました。

　しかし，掃除は「きれいになる」という結果が目で分かる当番活動でもあるので，フィードバック次第で俄然やる気がわいたり，グループで生き生きと活動できたりする活動でもあります。

　1年生のうちは，教室と廊下のようにシンプルな掃除場所を分担することも多いでしょう。掃除を始める前に，「そうじ○×クイズ」などで，掃除の

仕方を教えます。

T：第１問！雑巾がけは足でやる。○か×か？

C：×！

T：じゃあ，実際やってみてくれる人いますか？

〜子ども何人かがやって見せる〜

「お膝がついてないから素早いね」「手でしっかり雑巾を押さえるんだね」など，お手本を示した子どものよさを全体に説明する。

T：第２問！ほうきは掃除機と同じ動かし方をする。○か×か？

C：×！

T：じゃあ，実際やってみてくれる人いますか？…続く

このように，掃除で押さえたいポイントを○×クイズにして出題し，子どもが実際にやって見せる→フィードバックの流れでレクチャーします。

そして，実際に掃除をする時には，「監視」ではなく「フィードバックする」ために見守ります。

「この班は机を運ぶのが先生より早いね。実はあなたたち，６年生かもしれない」（「１年生だってば！」というツッコミ待ち）

「あなたたち，もう雑巾がけ10本終わったの？あら，ゴミがこんなにたまってる！ブルドーザーでも通ったのかも！」（「私たちが雑巾がけしたんだってば！」のツッコミ待ち）

「使ったほうきがちゃんとしまってある！このクラスには片付けの妖精さんがいるんだ！」（「妖精じゃないよ！僕たちだよ！」というツッコミ待ち）

まったく「黙働」とは程遠い掃除ですが，子どもたちの頑張りに「驚く」というフィードバックは，掃除場面では特に有効に感じます。また，個人についてというより，掃除を担当したグループ全体へのフィードバックを心がけています。精一杯やって雑巾がけ10本の子どももいれば，何本でも雑巾が

春休み

4月

5〜7月

夏休み

9〜12月

冬休み

1〜3月

けできてしまう子どももいますし，体格的に机をたくさん運べない子どもも
います。でも，グループ全体の働きについてフィードバックすると，まんべ
んなく伝わっていきますし，「自分のことだ」と感じてもらえます。

　「先生ね，僕たちが机をいっぱい運んだから，『６年生かもしれない』って
また言ってたんだよ」
　「廊下ではブルドーザーが通ったって言ってたよ」
と掃除終わりに，他の掃除場所の友達に教えて，笑い合っている子どもたち
を見ていると，もう次の日の掃除への意欲を感じます。

　毎日，滝のように汗をかくくらい雑巾が
けしていると，雑巾はすぐに真っ黒になり
ます。新しい雑巾に換える際，私は花丸を
書いてあげています。１回目の交換では花
丸１個，２回目の交換は花丸２個。赤マジ
ックで書いてあげるだけなのですが，それ
が「頑張った証拠」となって，さらに張り
切ります。その張り切りにつられて，他の
子どもたちも頑張ります。

　その結果，掃除場所もぴかぴかになるの
で，そこにも気持ちよさを感じ，みんなで
掃除を頑張る価値を子どもたちは見つけていきます。

（3）　一人一役活動

　一人一役と，係活動は似て非なるものです。私は，次のように定義してい
ます。

> 　係活動は，学級のために，自分の好きなことを仕事にして動くこと。
> 　一人一役は，学級を過ごしやすくするために，決められた仕事で動くこと。

　教室の中には，子どもたちが学校生活を送る上で，様々な仕事があります。黒板を消す，窓を開ける，配り物をする等，挙げればキリがありません。「一人一役」は，それらを子どもたちが分担していくものです。そして，その協働の過程で，子どもたちは自分たちでつながりをつくり，学級を居場所としていきます。

　一人一役の仕事の内容は，児童数と同じ分用意します。しかし，「先生の机を拭く」「先生の給食を運ぶ」というような「担任の身の回りのお世話」と思えるような仕事を設定しないようにしましょう。それがあると担任と子どもたちの間に主従関係のような関係性を生んでしまいます。

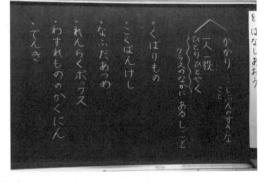

〈決め方の例〉
①「一人一役」とは何か，係活動との違いから説明する。
②学校の１日を想起しながら，どんな仕事があるのかを子どもたちに考えさせる。
③②で挙げた仕事を整理する。
・朝の会・帰りの会の進行や時々ある仕事は日直
・掃除や給食はローテーションで行う
・自分たちで活動を考えたいのは係

・毎日ある仕事は一人一役

と，視点を与えることで，一人一役で担うべき内容を炙り出す。

④役割の交代のスパン（１週間毎，１か月毎など）や何人で担うとよいかを
　決める。

⑤くじびきなどで仕事を子どもたちに割振る。

　全員で分担するものなので，係のように個人の希望で行うのではないこと
を，再度確認する。

　私のクラスでは，毎月１回，くじびきで一人一役を決めています。黒板に
「こくばん１」「でんき」など一人一役が書かれたマグネットを貼り，くじび
き用の箱に子どもたちのネームカード（マグネット）を入れます。そして，
「では，こくばん１の２人を決めます。（箱から２枚取る）ＹさんとＨさん」
…と読み上げ，黒板に貼ります。

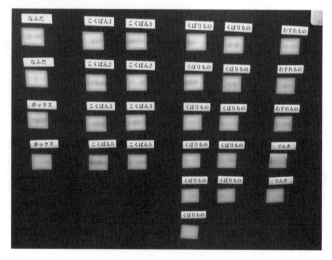

　子どもによっては同じ仕事が２か月続くこともあります。「おっ，もうベ
テランだね」「次に一緒に組むＨさんに教えてあげてね」など声をかけます
が，くじはひき直しません。そのことは，事前に説明しておきましょう。

春休み

4月

5〜7月

夏休み

9〜12月

冬休み

1〜3月

〈仕事を忘れてしまった時のフィードバックの例〉

　一人一役をしている中で，誰かが仕事を忘れることもあります。その時に「○○さん！やってないよ」と責めると，子どもたちもそれを真似します。

　例え仕事を忘れても，「○○さん，代わりにやっておいたよ」「あ，忘れてた！助かったよ！ありがとう」というやりとりが生まれる場面が必ずあります。そこを見逃さず「そうか。仕事を忘れても，そうやってフォローし合うと，もっと教室が居心地よくなるね」と全体で認め合うことで，「一人一役」が「やらされるもの」ではなく，「助け合うもの」に変化していきます。

（4）　日直

　日直は他の当番活動と違い，１人もしくは２人という少人数で担います。しかも，仕事の内容は授業の始めと終わりの挨拶をしたり，朝の会や帰りの会を進めたりするというような人前に出る仕事です。１年生の初めは，そのような「見られる」当番に不安を抱える子どももいます。

　それを乗り越える手立ての一つとしても担任からのフィードバックは有効です。ピンポイントで声をかけることが，子どもたちに貢献感を生みます。

〈フィードバックを学級システムの中に組み込んだ例〉

①帰りの会で，今日の日直さんへの感謝を伝える。

　帰りの会の最後に，「今日の号令，気持ちよかったよ」「台本をほとんど見ないで進行していたね」「１回目にしたときより堂々としていたね」等，日直の仕事ぶりを認め，「今日もありがとう」と感謝を伝えましょう。担任が話したその日の日直の素敵なところは，次の日直の子どもにとっての「なりたい姿」となっていきます。

②全員で日直へ拍手を送る。

　帰りの会の司会を終えた後，「今日の日直は，○○さんでした。ありがとう！拍手〜！」と全員で拍手を送ります。日直の子どもは照れながら席に戻

りますが，心の中はもう次の日直の日を心待ちにしているはずです。

　そのようなフィードバックを返すことで「緊張したけど，日直をやってよかったな」と思えるようになります。まだ５月は人間関係に固さがある子どもたちなので，率先して担任から日直へあたたかい言葉をかけましょう。後々，そんな担任の姿を映す鏡のように，子どもたち同士で声をかけられるようになります。

　このように，担任が子どもたちの当番活動に対して適切にフィードバックすると，不思議なことに，決められた仕事を超えて自分で考えた仕事をし始めます。一人一役にない仕事をつくり出したり，次の日の日直の名札を準備したり，黒板拭きをきれいにしたり。その姿を見逃さず，さらにフィードバックしていくと，それが，子どもたちに「決められた仕事以外にも動いていいのか」「自分もやってみよう」という余白を生みます。

　自ら動くことができる子どもが増えれば，自ら人とつながりに行く行動力にもなります。

まとめ

①当番は「やって当然」ではない。温かいフィードバックを送ることで，子どもたちが気持ちよく行えるようになる。

②フィードバックによって子どもたちは人に貢献しようと変化し，当番活動が「やらされるもの」から「やりたいもの」になる。

4 つながりを感じながら学習の舵取りに チャレンジする

　学校生活の多くの時間は授業が占めています。当番活動で目指した，

> いざという時は，共に手を取り合う。

という姿は，学習面でも発揮されます。

　しかし，ここで「手を取り合う」というのは，「賢い子が分からない子に教えに行く」という姿ではありません。まず「分からない」というようなヘルプを求められるような環境にし，ゴールに向かって持っている力を分かち合うイメージです。

　「学習の舵取り」と書きましたが，担任は船の設計士です。船を実際に動かすのは子どもたちです。どのように舵を委ねていったのか実際の授業を述べたいと思います。

（1）　算数の実践

　この取り組みは，UDL（学びのユニバーサルデザイン）を実践されている北海道の江渡和恵先生の授業を参考に行ったものです。

算数の「たし算」の最後にある，問題作りから始めました。用意したプリントは以下の3種類です。

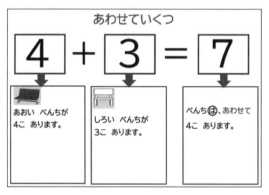

お話の例文をそのまま書いてあるプリント。

これは配布用ではなく，黒板に貼って確認するためのプリントです。お話づくりに行き詰まった時にこれを参考にして書きます。

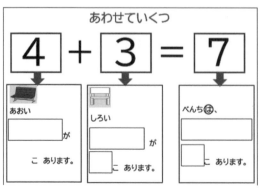

レベル①のプリント。

例文を虫食いにしてあります。

122

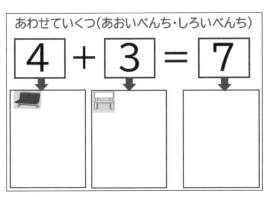

あわせていくつ（あおいべんち・しろいべんち）

$$4 + 3 = 7$$

レベル②のプリント。何もヒントはありません。

①を終えた子や，最初から全部自分で書きたい子が選びます。

授業の流れは以下のように行いました。

①学習課題「4＋3になるおはなしをつくろう」を確認する。

②算数のたし算の言葉や，ベンチ，とり，こどもなど，お話づくりで使う言葉を確認する。

③レベル①，レベル②の板書をし，自分で選んでお話をつくることを説明する。どちらが偉いということではなく，自分で選べることが大切だと指導する。②から始めても①に戻っていいことを話す。

④困った時は，黒板の例文を参考にしたり，友達と相談したりしてもいいことを話す。「ここ，どう書いた？」など，友達にヘルプを出すときの話し方を練習してみる。

⑤自分でプリントを取りに来る。

　子どもたちは，「よーし，レベル②から行くぞ！」「まずはレベル①から」
など，張り切ってプリントを選びます。

　また１年生の１学期ということで，文字を書く力やお話をつくる力には個
人差が大きいです。そのため，自然と子ども同士でやりとりが始まります。

Ｃ１：ここ，＋３のところ，なんて書いた？

Ｃ２：私は「あります」って書いたけど，Ｃ３さんは「おいてあります」っ
　　　て書いていたよ。

Ｃ３：うん。でも，「あります」も「おいてあります」も同じかなって思う。

Ｃ１：じゃあ，「あります」にしようかな。

Ｃ２：次の問題は，虫食いじゃないレベル②から書いてみようよ。

Ｃ３：チャレンジだね！

C4：あれ，C5さんはレベル②全部終わったんだよね。

C5：うん，全部問題つくった。でも，正しいかどうか虫食いで確認しよう
　　かと思って。

C4：それいいね！俺もそうしよう！

C6：私，黒板で確認してくる！合ってるかなぁ。

　お話づくりのための問題は7つ。そして，それぞれにレベル①，レベル②
があるので，プリント自体は14種類です。ほとんどの子どもが，全種類やろ
うと，猛烈に学習に取り組んでいました。終わりを知らせるタイマーがなる
と，「えーっ」という残念そうな声が上がりました。

（2）　国語の実践

　国語では，「あいうえお作文」で，学び方を選ぶ実践しました。

　「⑥かいろ　⑥おいろ　あいうえお」など，最初の2つの頭文字をそろえ
る短文づくりの授業でした。

　後ろにホワイトボードを用意しておき，書き終わった子どもからそこに書
いて置いておくようにしました。

すると，自分でなかなかいい文が浮か
ばない子どもは，それを自分の席に持っ
てきて参考にしたり，後ろに行って眺め
て自席に戻ったり，自分の短文づくりに
生かそうとしていました。また，眺めな
がら，「この人のここ，いいよね」「真似
しようかな」「この言葉使ってみたいな」
など自然とやりとりが生まれ，自分にない発想力や語彙に気づいていきまし
た。

　ここでも1人でたくさん書く子どももいましたし，友達と一緒にあれこれ
言葉を出し合いながら1つの短文を仕上げる子どももいました。私はホワイ
トボードを学びの選択肢の1つとして準備しましたが，それを使うかどうか
も子ども次第です。

（3）　人とのつながりが「参加」を助ける

　算数と国語の実践を例に挙げましたが，子どもたちに学習の舵の取り方を
教え，実践させることが，子どもたちのつながりをつくり，そして，それに
よって学級全体で，学びの渦を作っていきました。

　どんな学び方をしても否定されないということを，3つの基地づくりで子
どもたちは学んでいます。

　よく，こういう授業をしていると，「自分の考えはもてるのですか？」と
質問されますが，きっと出発点が違うのだと思います。

> 　自分の考えをもつこと ≠ 「自分だけ」で考えること

　これが私の答えです。

自分の考えをもつということは，子どもが1人で孤独に耐えながら行うことではないのです。これまで多くの授業実践で「自分の考えをもってから交流する」という流れを見てきましたが，交流することで自分の考えがもてたり，ブラッシュアップされたりすることがあるはずなのに，それを担任が止めていることに違和感があります。

　私が，子どもたちに伝えている言葉に，「貝になるな」というものがあります。

> 　自分の意見があるというのは，もちろん素晴らしいことだけど，「わからない」「難しい」「助けてほしい」と口にすることは，それと同じくらい素晴らしいことなのです。そういった言葉を口にできず，我慢して口を閉じているのは，「貝」になっているのです。それは，すごく苦しいことだと思うよ。みんな，いいですか。「貝」になってはいけないよ。学ぶってことは，楽しいことなんだから。

　授業では，「分からないから教えて」と言えた子どもを見つけると「言えたんだね。その一歩がすごいね」と一緒に喜び合います。

　算数の例を示しましたが，1人で黙々とプリントに取り組む子どももいれば，自由に歩いて意見を求める子どももいました。1人でやっていたかと思うと隣の子どもに話しかけたり，途中からグループに入っていったりしている子どもやその逆の子どももいました。
　大切なのは，1人でやるかどうかではなく，

> 　学びを得るために，適切な行動を選べるか

ということです。

春休み

4月

5〜7月

夏休み

9〜12月

冬休み

1〜3月

そのためには，担任が「ああ，この子は友達とやればいいのに」「レベル②はちょっと難しいんじゃないかな」と思っていても，余計な先回りはしません。必要であれば，その子ども自身で動けるようにしていきます。

　机間巡視しながら手が止まっている子どもがいれば「ここ，○○さんも悩んでいたなあ。友達に相談してみてもいいし，必要なら黒板を見てきてもいいんだよ」など，子どもが行動する選択肢のヒントは示しますが「〜してください」など指示はしません。選ぶのはあくまで子ども自身です。

　そして，その選択肢の中に「友達の存在」があることは，学ぶときに孤独を感じさせません。実際に友達に頼ることがないとしても，

> **いざとなれば，友達が助けてくれる**

という安心感や，

> **いざというときは，友達のために動ける**

という貢献への雰囲気が学級の中にあることは，１年生だけでなく，これからも続く学びを下支えしていきます。

　授業は，学力を保障するためだけでなく，そういった人とのつながりを知り，実践するための手段でもあるのではないでしょうか。

まとめ

・友達とのつながりがあること，学びのための選択肢があることで，子どもたちは安心して学習の舵取りをすることができる。

5 共感して聞くスキルを養う「学級会」

子どもたちのつながりを生む活動でも
あり，つながりを生かす場にもなるのが
学級会です。

何か困ったことが起きた時，自分だけ
では解決できないことがある時，話せる場があることは，クラスにとって精
神的な支柱となります。この学級会では，子どもたちが「聞く」ことを鍛え
ます。静かにいい姿勢で，目を話し手に向けて…ということではありません。
共感して聞くということを育てていきます。

友達が「こんなことでつらい」と言えば「そんなことどうってことない」
と切り捨てるのではなく「それはつらいね」と寄り添い，「俺はこう思う」
と自分と違う意見が出た時は「そうか。そう意見もあるか」と受け止める。
そういう態度を「共感して聞く」と考えます。

私は学級会にクラス会議の考え方，方法を取り入れています。なぜならば，
クラス会議はとてもシンプルだからです。「学級会」は様々な手法があります
すが，私が知り得る限り，それらはとても複雑な構成です。研究授業で見る
学級会は，とても追試できるようなものではありませんでした。

「学級会をしたことがほとんどない」「お楽しみ会について話し合ったこと
くらいはある」「学級目標を決めてから開いていない」という同僚も多いで
す。その理由のほとんどが「学級会をするのが難しそう」「学級会をどうや
ったらいいか分からない」でした。

クラス会議はシンプルなので，低学年でも子どもたちがすぐ進行できるようになります。計画委員会などの組織も必要ありません。計画委員会などを経ない分，子どもたちが相談したいことをすぐに話し合える機動力があります。

　また，「お話のスキルの指導」も必要ありません。クラス会議では，子どもたちが「子どもの言葉」で意見を出し合います。
　「だってさぁ，〜なったら困ると思うんだよね」
　「この前，〜ってことがあったから，〜してみるのもいいんじゃない？」
　かしこまる必要も，上手に話す必要もありません。全員が聞き合い，全員が参加することができる話し合い活動だと思い，取り入れています。

　もちろん，従来の学級会でもいいのです。大事なのは形式ではなく，

子どもたちがいざというとき頼りにできる話し合い活動にすること

なのですから。

（1）　学級会の流れ

時　　間：学級活動
目　　的：友達の悩みに共通点を見つける。
　　　　　相手の意見をまずは受け止める。
　　　　　友達の悩みを解決しようという意欲をもつ。
約　　束：他の人の意見を笑ったり，否定したりしない。
　　　　　違う意見がある時は「ぼくは〜と思う」「○○さんの意見はこうしたらもっといい」など発表する。
準備物：ストップウォッチ，タイマー
学級会の流れ：

①いすで輪になる。担任はタイマーでそのタイムを計測する。

②フルーツバスケットをする。

＊本来はここで「ありがとう見つけ」などをしますが，１年生のはじめは
お互いのことをまだよく分からないので，私は「フルーツバスケット」
をしています。「今日，黒いズボンの人」などでは友達のことをよく見
ることができますし，「犬が好きな人」などでは友達のことを知ること
につながります。

③議題を知り，議題に対する質疑応答をする。

④解決策を考える。

⑤解決策を発表する。（マイク代わりにぬいぐるみを子どもたちに回します）

⑥出されたアイディアに対して心配なことや賛成意見などを出す。

⑦多数決で採決，もしくは議題提案者が解決策を選ぶ。

　基本的にこの流れで行います。では，その経過を板書でお見せします。

（２）　学級会による子どもたちの変化

〈５月：２回目の板書（１回目は会議の名前を決めました）〉
議題「休み時間にけんかをしている人がいます。どうしたらいいですか」

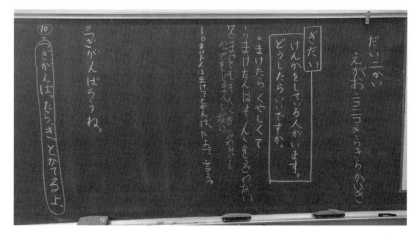

全員にマイク（ぬいぐるみ）を回しましたが，パスが多めでした。また，意見に対する質問などもほとんどありませんでした。

〈6月末：8回目の板書〉
議題「いつもおやつを食べすぎてしまいます」

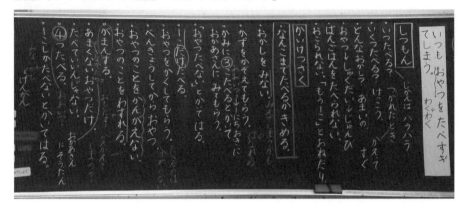

　まず，議題を出した友達の思いを理解しようと，質問がたくさん出ました。「おやつを食べすぎたら，どうして困るんですか」と質問があり，「晩御飯が食べられない」と答えると「わかるー」「お母さんが怒るやつだー」と同意する声が上がりました。そのようなやりとりが質問の度に起こります。

　そして，解決策のアイディアも多様です。そのアイディアに対しても，様々な意見が飛び交いました。

　そして，ひとしきり意見を出し合った後，解決策が選ばれました。

　いつも，学級会の後，クラスの雰囲気が一番高まるのは，議題提案者の子どもが挨拶するところだと感じます。

　「みんなが，私のために，たくさん意見を出してくれて，どれも全部いいアイディアで，全部やりたい。今日，1個選んだけど，全部いい。本当にありがとうございました」

　そんな挨拶の後，拍手喝さいが起きます。自分のアイディアが解決策として選ばれるかどうかは二の次なのだと感じる瞬間です。

立ち上がって拍手をしていたWさんに，休み時間に声をかけ，
「どうして拍手していたの？」
と聞くと，
「だって，最初困ってたMさんが，あの時は嬉しそうだったから」
と返ってきました。

　ある時は学級会の後，子どもが嬉しそうに教えてくれました。その日は，
Uさんが「妹がおもちゃを隠してくるから困る」という議題でした。
C：あのね，今日はUさんの議題だったでしょう？Uさんね，みんながお話
　　しているとき，涙が出そうだったんだって。
T：え，そうなの？
C：うん。Uさん，みんなが一生懸命考えてくれたり，おもちゃを隠される
　　ことに「かわいそう」って言ってくれたりしたのが，うれしかったんだ
　　って。よかったねぇ。

　このエピソードは，Uさんの承諾を得て，クラスのみんなに話しました。
聞いていた子どもたちは，とっても嬉しそうに聞いていました。Uさんは
「うんうん」とうなずきながら聞いていました。

　学級会は，単に合意形成することだけが目的とは思いません。こうして共
感して聞き合う中で育まれる「つながる感覚」があり，それがその他の場面
でも生かされていきます。

> **まとめ**
>
> ・学級会で，共感して聞く態度を育てることで「つながる感覚」を味
> 　わう。

春休み

4月

5〜7月

夏休み

9〜12月

冬休み

1〜3月

仕事・自分・子どもたちのための1か月

夏休み

夏休み前半
～勤務日・夏休み明けの自分のために～

夏休み前日，1年生の子どもたちに言われました。
C：先生も明日から夏休みだね。
私：残念ながら，大人は仕事です。
C：えー，かわいそう。私たちいないのに？
C：がんばってね！

子どもたちに「かわいそう」と慰められ，夏休みの勤務がスタートしました。皆さんは，子どもたちのいない学校で，どんな仕事をしますか？
私は，夏休み明けの自分のために仕事をしています。

（1） 学年会で夏休み明けの見通しをもつ

学年会で，4月から7月の子どもたちについて総括し，夏休み明けの見通しをもちます。次頁に学年会で使ったドキュメントを例として載せてあります。

基本的に週1回のペースで行う学年会ですが，夏休み中はこの1回だけです。するとしても，始業式前に簡単に確認する程度です。集中して夏休み明けについて話し合うことで，その後の仕事もしやすくなります。

令和4年度　第1学年学年会　7/27
1学期お疲れ様でした！

1. 各クラスの児童について～2学期に向けて気になること等～
1組:
2組:
3組:
4組:

2. 区域小教研
　テーマは、Chromebookの活用について

3. 2学期の主な行事
(1)9月〇日(△)学習参観
予定教科(9/◇までに入力)
1組:
2組:
3組:
4組:

(2)9月〇日(月)　4組小教研
算数「〇〇〇〇〇」第9時の予定～さんすうクエスト～
・ねらい
・概要
・トライ授業　3組で9月〇日
・当日の動き

(3)10月〇日(土)学習発表会
・劇
・別紙
・フロアの幅で
・子どもたちにアンケートをとる

(4)ゲストティーチャー〇〇さんの授業
・涼しくなった頃に。学習発表会後？

春休み

4月

5～7月

夏休み

9～12月

冬休み

1～3月

10月〇日(火)、〇日(木)…このどちらかで教務に確認

(5)11月頃　〇〇会
・地域の方々との昔遊びの会
・別紙
・10月　打ち合わせ会(担任4人と〇〇会の方々)

4．教科について
国語：
算数：
生活：
体育：
音楽：
図工：
道徳：
学活：

5．その他

★今週の1冊「〇〇〇〇〇」
　「生徒は〜〜〜〜〜」という一節に、学校は「教科指導」というツールで未来を生きる力を育てる場なのだと感じました。UDLにも通じる実践です。海外の実践ですが、吸収できる考え方がたくさんあります。

本の表紙

（2） 夏休み明けに向けたワークシート等を作る

　７月までに子どもたちの実態が掴めてきたこともあり，夏休みの間に，各教科で使うプリントの準備をします。

　①昨年度の１年生のデータが残っていれば，そのまま使えるか確認。

　②使えるものはそのまま，修正が必要なものは修正する。

　　改めて作り直すときは，１学期の学習の様子を振り返りながら作成する。

　③学年で見合って，加除修正を行う。

　④後日の印刷依頼に備えて，クリアファイルなどに入れておく。

　作ったワークシートなどは，学年で見合います。

　「これ，作ってみました。よかったら学年分印刷します」

　「ありがとうございます。お願いしまーす」

　そんな声がけをし合うことで，「あ，それ私も作ってました」というような重複が避けられます。また，「これはうちのクラスはいいです」というような希望も聞けます。

　そして，学年の先生が作ったプリントを見ると，

　「この先生は，こういうところを大事にしているんだな」

　「こういう工夫ができるのはいいな」

など，その先生の指導のポイントなどが見えて，とても勉強になります。

　富山では，各校に助手さんがいて，印刷をお任せするのですが，夏休みの時点で印刷依頼はまだ出しません。子どもたちの実態から，変更すべき点が見つかるかもしれないからです。

　ただ，宿題に使いそうなプリントの印刷は，夏休みの間に，ある程度まとめて学年分を印刷してもらいます。助手さんもその方が時間に余裕があるので，ありがたいようです。

（3） 事務的な仕事をできるところまでしておく

　学年主任の場合，起案して期日までに提出する書類等がたくさんあります。

　夏休み明けに呼ぶゲストティーチャー，校外学習，学習発表会，地域の方との行事など，長い夏休み明けには様々な行事があり，それにはもれなく「書類作成」が伴います。

　書類の作成を夏休みの間にある程度整えておくと，夏休み明けの放課後がとても楽になります。

 2　夏休み中盤〜「自分の」夏休み〜

（1） 素になれる場所

　自宅でも職場でもない場所で，リラックスできる場所を「サードプレイス」と呼ぶそうです。

　どんな場所が思い浮かびますか？

　　・カフェ　　　・公園　　　・ジム　　　・友達の家
　　・実家　　　・美容院　　・海　　　・図書館

　私の場合は，「仙台」です。

　夏休みには，まとまった休みが取れますし，雪の心配もないので，車を運転して仙台に帰ることが多いです。そこで大学時代の友人や親戚と会うことで，1年分のパワーが充電できるように感じます。

　サードプレイスでは，自分の肩がきや職業を置いて，素になれます。ストレスフルと言われる教員をしていると，夏休みではなくても，そういった時間を意識的に取るといいのかもしれません。

（2） 本を「浴びる」

　夏休みは本を読みます。私の場合は「読む」というより「浴びる」と表現した方がいいかもしれません。本を読んで，刺激をもらうようなイメージです。深く読み込むのは，浴びた中で「これは読まねば」と思った本です。

　エッセイ，ビジネス書，哲学書，教育書など，図書館にまとめて予約して，ごっそり借ります。中には小説もありますし，時には絵本も混ざります。たくさんの本を浴びて，自分のアンテナを広げます。本の末尾に気になる参考文献があれば，それを改めて予約します。

　そして，「これは読み込もう」と思った本があれば，読みながらアウトプットするようにしています。

　別に誰かに見せるわけではなく，自分の理解を助けるためであったり，後から思い出すためだったりします。

　また，書籍の全体をこのように書いているわけではなく，ここは残しておきたいなと感じたところに絞ってしています。

　こうすると，子どもたちと関わっているときに「そういえば，あの本に書いてあったな」など，想起することができます。

③ 夏休み後半〜勤務日・夏休み明けの子どもたちのつながりのために〜

　始業式が近づくにつれ，胸を挟られるような辛いニュースがまるで恒例行事のように報道されるようになってきた昨今。夏休み明けの始業式，１年生の子どもたちは，初めての夏休み明けをどのような気持ちで迎えるのでしょうか。

　学校に向かう気持ちは，十人十色でしょう。「友達に会える」と駆け出したいくらいポジティブな気持ちで登校する子どももいます。ネガティブな気

持ちでランドセルの中に不安を詰め込んで登校した子どもの中には，「行きたくない」と玄関で泣いている子どももいます。

朝の気持ちを表現する場所があれば，ネガティブな思いを抱えた子どもも，ほんの少しすっきりとした気持ちで教室に入れるのではないか…そう考えて１年生の児童玄関に用意したのが，画像のようなホワイトボードです。

そこには，４つの空き瓶に，子どもたちの気持ちを予想して書いてあります。

> ・夏休み明けが楽しみだよ！　　・暑いけど，頑張って来たよ！
> ・友達に会えて嬉しいよ！　　　・もっと夏休みが欲しかったな。

自分の気持ちを表していると思う瓶の中に，ビー玉に見立てたシールを貼ってもらいます。複数の瓶に貼っても構いません。このホワイトボードを，

> 夏休み明けのつながりのスタートライン

にします。

子どもたちは，玄関で靴を履き替えると，このホワイトボードに出会います。教室に入る前に，このホワイトボードの前で立ち止まり，友達と
「どれにする？」
「実はこんなことあって，今この気持ち」
などおしゃべりもするでしょう。また，
「暑いけど頑張って来たよって友達がこんなにいるんだ」

「もっと夏休み欲しかった人は自分だけじゃないんだ」
と気づくこともできるでしょう。
　ホワイトボードを緩衝材にして，友達の思いに触れたり，共通点を見つけたりすることで，自分の心のネガティブな思いを素直に出せる子どももいると思います。

　ホワイトボードは，ひまわりの絵で飾ってありますが，ひまわりの絵をよく見ると，担任たちの顔が隠れているようにしました。これについても，きっと子どもたちは「あ！ここに○○先生いる！」「ここにもいるよ！」と指差しながら，笑ってくれるのではないか…そのための小さな仕掛けです。

　夏休み中に離していた手を「おかえり，待っていたよ」と握り直すような気持ちで用意しました。
　夏休みは出張等もあり，慌ただしく過ぎていきますが，「どうやって始業式に子どもたちを迎えようか」と考える時間を，大事にしたいと思います。

３つの基地から船で漕ぎ出す

1 「ゆらぎ」を防いでつながる

　夏休み明けは，子どもたちの関係が深まったり広がったりするのを感じます。「あの子とあの子，遊ぶようになったんだ」「あ，いつも中にいた子が外遊びしてる」というような嬉しい発見も多いです。

　しかし，その逆に，子ども同士のトラブルも増えます。人と人が関わるのですから，トラブルも付きまといます。それ自体は全く悪いこととは思いません。

　ただ，人は長所・短所があるので，最初に短所が目についてしまうと，「食わず嫌い」と同じで，それ以上関わろうとしない子どもも出てきます。それが悪化していくと「11月危機」と呼ばれる状態に陥ってしまいます。

　そこで，子ども同士がつながり続けるため，「人間関係のゆらぎを防ぐ」活動を重点的に行います。

（1）　お互いのよさに目を向ける

〈心のスポットライト〉
①人には「よいところ」と「直した方がいいところ」があることを説明する。
　「よいところ」や「直した方がいいところ」の例を示すとよい。

②クラスのみんなで，「よいところ」を言い合う活動をすることを説明する。

③じゃんけんをして，勝った人から自分で「直した方がいい」と思うところを言う。まずは担任がモデルを示したり，例を板書したりする。

④聞いた友達は，よいところにスポットライトを当てて「でも，○○さんは～といういいところがあるよ」と教えてあげる。

⑤最後にハイタッチをする。

＊③～⑤をロールプレイして見せてから，実際の活動に入る。

⑥活動の振り返りをする。

　この活動では，自分の弱みとして「直した方がいいところ」を相手に伝えます。しかし，友達からはそれを上書きするような「よいところ」が返ってきます。

　振り返りをすると，「自分のよいところを友達が教えてくれた」「みんなによいところがあるって分かった」という言葉が返ってきました。

〈背中に秘密レター〉

①友達の背中に，その人の「よいところ」を書く「秘密レター」をすることを説明する。

春休み

4月

5～7月

夏休み

9～12月

冬休み

1～3月

②紙に書いていい言葉，書いてはいけない言葉を例をあげて説明する。
　子どもたちからも案を出してもらい，出てきた言葉は板書しておく。

③背中に両面テープで紙を貼る。隣の人と交代で作業する。
　背中に貼る紙は，厚めの画用紙や紙皿だと硬くて書きやすい。

④背中の紙に，クラスの人たちからよいところを書いてもらう。
　書くときには，自分の名前も書く。

⑤時間になったら，背中の紙を外して，書いてあることを読む。

⑥振り返りをする。

　子どもたちは，自分ですぐ確認できない分，わくわくしながら書き合います。また，「背中に秘密のお手紙を書く」ということ自体にもわくわくしますので，とても盛り上がります。どんどん書きたくなりますし，他の人が書いている「よいところ」を見て，「あ，これ○○さんも！」と書いてあげたくなります。

「書いてあげる」と言うと「ぼくも書くね」とお返しがくることが多いので，それもうれしいようです。また，顔を合わせて活動することが苦手な子どもも，これは相手が背中を向いているので，積極的に活動に参加します。

　振り返りでは，「自分のいいところがいっぱい書いてあってうれしい」「いつも話さない子も書いてくれてうれしかった」などの声が聞かれました。

　後日あった懇談会では，「子どもが嬉しそうに持って帰ってきて，家族みんなの前で声に出して読んでいました」「宝物だと言って，部屋の壁に飾っています」など，子どもたちが喜んでいたことを教えていただきました。

（2）「違い」に気づく

　違いを知ることは，違いを「許せる」ことにつながります。「こうしなくてはいけない」「こうあるべきだ」と相手を批判するときは，往々にして「みんな自分と同じことを考えているはずだ」と思い込んでいるからです。

〈朝のサークルタイム〉
①クラス全員で輪になる。担任も輪に入る。椅子はなくてもよい。

②今日のテーマにそって，自分のことを一人ずつ言っていく。
　テーマは日直が決めたり，サイコロの目で決めたりしてもいい。
Ｃ：今日のテーマは，「今日楽しみなこと」です。
Ｃ：給食のからあげです。
Ｃ：休み時間のドッジボールです。
Ｔ：図工で絵を描くことです。
Ｃ：特にないです。
Ｃ：劇の練習です。
〜全員言い終わる〜

春休み

4月

5〜7月

夏休み

9〜12月

冬休み

1〜3月

Ｃ：今日も一日，スーパー１組でがんばろう！
全：えいえいおー！

　だいたい５分ほどで終わります。
　同じ学級にいる人たちが，いろいろな思いをもって学校にいることを知ることができます。それは決してポジティブな思いだけではありません。「学校に来たくなかったな」と思っている子どもも，他の子どもの「これが楽しみ」と聞くことで「そうか，それがあったか」と思うこともあります。

　「特にないです」と言った子どもは，その後「休み時間に粘土をすることです」と話した子に話しかけ，休み時間に一緒に粘土をしていました。いろんな思いをもって子どもたちは登校しています。そこに気づかせることで，新たなつながりも生まれます。

〈無人島ゲーム〉
　「無人島に持っていくとしたら，何を持っていく？」というテーマで話し合います。持っていけるものは３つです。
①無人島に持っていくものを３つ考える。

②生活班，もしくはくじ引きで４人くらいのグループをつくる。

③自分が持っていこうと思うものを順番に話す。

④そのグループで持っていくものを３つ決める。

⑤グループごとに決めた３つを発表する。理由も話す。

⑥振り返りをする。

価値観が違えば，持っていきたいものが違ってきます。1年生も「ゲーム機とスマートフォンと充電器」のような楽しく過ごしたい子どももいれば「釣り竿，お菓子，水」のような食べ物重視の子ども，「望遠鏡，水着，虫取り網」のように自然を満喫しそうな子どもなど，多種多様です。

　「お菓子だけじゃおなかいっぱいにならないから，もっとおなかいっぱいになるのを持っていこうよ」「釣った魚って誰が捌くの？」「ゲーム機は暇つぶしにいいね」など，子どもたちは想像の世界で様々な意見を交わします。その過程で，子どもたちはいろんな価値観をもった人たちが学級に集まっていることに気づきます。

　1年生でも「自分と人の考え方は違うんだな」とゲームを通して理解し，その違いを「そういう考えもあるよね」と許容することは，その違いを乗り越えてつながるための第一歩になります。

春休み
4月
5〜7月
夏休み
9〜12月
冬休み
1〜3月

まとめ

①お互いを知る活動を通して，人間関係のゆらぎを防ぐ。
②「違い」を知ることで，「違いを乗り越える」素地をつくる。

2　行事でつながる

（1）　練習中の成長に目を向ける

　9月から12月にかけて，学校行事も多く行われます。

　行事は，学級より大きな学年という単位で動きます。学年を役割毎に分けた練習や，色団ごとのチームプレーなど，学級を超えた子ども集団の動きが多くなります。そのため，9月以降の行事では，担任とのつながりよりも，子どもたち同士のつながる力が試されます。

　学校行事の見直しなどで，規模を縮小したり，行事そのものを廃止したりする学校も増えつつありますが，それでも行事というのは，子どもたちが同じゴールを目指す絶好の機会であることには変わりません。

　行事の指導で，私が序盤で言わないようにしている言葉があります。それは，

> おうちの人のために　　見ている人のために　　お客さんのために

です。
　「相手意識をもつ」ということは大事ですが，最初にそれを目指すかのように言ってしまうと，「学校行事は誰かのためのもの」になってしまいます。その代わり，私は，

> この行事で，あなたは何ができるようになりたいですか。

そう問いかけています。「行事は，自分の成長の場」という意識をもたせたうえで，「成長した自分を見てもらう」という段階があるのです。

〈目標の確認〉

　成長に気づかせるには，まずは自分の目標が必要です。練習の前後に，子どもたちと話す時間をつくります。

T　：今日は2の場面の練習をします。

　　　まずは今日，何ができるようになりたいか，隣の人とシェアしましょう。

C1：ぼくは，せりふを昨日言えなかったので，ちゃんと言いたいです。

C2：わたしは，せりふを言う順番を間違えたから，今日は間違えないようにしたいです。

〈3つのフィードバックを得る〉

　自分のことをまだ客観的に見ることが難しい1年生です。自分の成長を，他者からも教えてもらいましょう。

　練習が終わってから，友達とのおしゃべりタイムを設けます。そこでは，自己評価・他己評価・教員からの評価の3つのフィードバックを得ます。それによって，行事の練習からすでに成長は始まっていることを認識させます。

T　：今日の練習はどうでしたか？何ができるようになりましたか？隣の人と振り返りのおしゃべりしてみましょう。

C1：今日は，昨日より大きい声でせりふが言えました。

C2：うん，C1さん，声がよく聞こえたよ。

　　　わたしは，今日，間違えないようにせりふが言えました。

C1：おー，よかったね。確かに前に聞いた時より上手だった。

T　：できるようになったことに，自分でも気づけましたか？

　　　最後に，先生から見ていたことをお話しますね。

　　　○○役のみなさん，今日，とても動きが大きくて見やすくなりました。

春休み

4月

5〜7月

夏休み

9〜12月

冬休み

1〜3月

○○役のみなさん，せりふの速さがぴったりでしたね。
　　○○役のみなさん，……

　このように成長を知れば，子どもたちはさらに目標に近づこうと頑張りますし，成長を教えてくれた友達のことを自分もよく見ようとします。

（2）　小さな失敗を「つながり」で乗り越える

　どんな行事の練習や準備でも，子どもたちは「小さな失敗」をします。セリフを言い間違えたり，団体競技でチームワークがとれなかったり，準備がうまくいかないことで友達と口論したり。そういう「小さな失敗」こそが，行事で子どもたちがつながり合うチャンスなのです。

　セリフを言い間違えるとしたら，どうしたらうまくなるのか。
　団体競技でチームワークが乱れないためには，どうしたらいいのか。
　友達と口論になってしまうなら，どうしたらいいのか。

　そういった「小さな失敗」のたびに子どもたちは立ち止まります。そのときに担任がすべきことは，

> **失敗を出し合う話し合いの場を確保すること**

です。
　話し合いの場があれば，周りの子どもたちも巻き込んで，どうしようかと考えます。そして，その失敗を生かして子どもたちはチャレンジします。
　「せりふがうまく言えないんだよね」
　「なかなか50mのタイムが縮まらないんだよね」
など，その行事ごとに，小さな話し合いの場を設けます。もちろん，その話し合いでは，うまくいっていることも出していいのです。その中には，他の

150

子どもが必要としている情報があるかもしれません。

「うまくできてうれしいな」「失敗して残念だな」「うまくいかなくて悔しいな」など，そういった気持ちを共有することで，子どもたちは同じ目標に向かっていけます。

話し合いを繰り返すうちに，
「せりふをうまく言えなかったから，△△さんに Chromebook で撮ってもらって練習したんだよ。そうしたら，間違えなくなった」
「まだ速く走ることはできないけど，○○くんが教えてくれた練習方法をやってるよ」
と，他の子どものおかげでうまくいったことや，アドバイスをもとにがんばっていることを教えてくれる子どもも出てきます。

話し合いで語られる成長や嬉しそうな子どもの様子に，一緒に話し合った子どもたちも喜んでくれるでしょう。チャレンジした子どもは「また失敗してもチャレンジしてみよう」と思いますし，他の子どもたちも「よし，自分も！」と失敗を恐れなくなります。

（3）　子どもたちを止めない

「行事で自分を成長させる」という目標は同じでも，子どもたちがどのようにその目標へと向かうルートは様々あります。担任が「こうしよう」と指導する以外にもアイディアをもつ子どももいるでしょう。

「先生，ぼくたち玉入れがうまくできないから，休み時間に練習したい」
そんなことを言う子どもが出てきたら，どうしますか。
「あなたたちだけに認めるわけにいきません！」「練習できるのは，体育の時間だけです」「みんながずるいって言いますよ」と，却下しますか。

春休み

4月

5〜7月

夏休み

9〜12月

冬休み

1〜3月

きっと意見を出してきた子どもたちも「叱られるかも」「みんなにずるいって言われるかも」とドキドキしているはずです。

　そこで「あなたたち，やる気満タンだね」「自分たちで決めたことは，どんどんやってごらん」と背中を押すことができれば，
　「あ，こんなふうにチームのために意見を言うのはいいことなのか」
　「あのチームはそんなことを思いついたのか。自分たちのチームも，もっとできることを考えてみよう」
と，子どもたちは認識します。
　時折，「行事のあと，学級の雰囲気が悪くなった」という声も聞きます。
　「やれ，と言われたことをちゃんとやったのに，勝てなかった」
　「我慢して嫌々練習していたから，行事の後は解放されて自由になりたい」
という思いが「雰囲気の悪さ」を生み出しているのかもしれません。
　自分たちで考える余地があり，あれこれ試す場があれば，子どもたちは「結果」ではなく，「過程」を楽しめます。そして，その過程には，一緒に気持ちを共有し合った，つながり合う仲間がいるのです。

> **まとめ**
>
> ①「行事は，自分の成長の場」という意識をもたせ，３つのフィードバックで成長を実感させる。
> ②話し合いの場で思いを共有し，小さな失敗とチャレンジを繰り返せる雰囲気をつくる。
> ③子どもがアイディアを出し実行することを止めない。

3 **リーダーとつながる**

（1） 担任がリーダーを降りる

　私はよく，クラスの関係性を表すときに，「輪ゴムのトライアングル」を例えに使っています。

　輪ゴムの輪の中に，左手の親指と人差し指，右手の人差し指を下から入れて見てください。輪ゴムが下に落ちないように指を離すと，三角形ができます。これが「輪ゴムのトライアングル」です。左手の親指と人差し指が子どもたち，右手の人差し指が担任を表しています。

　1学期に目指す担任と子どもたちのトライアングルは，図に表すと，右のようになります。等しくつながり合い，正三角形のような形になっています。

　担任と子どもたちの間に，安定した関係が生まれている状態を表しています。

　しかし，この状態は，子ども同士をつなげるには不十分です。

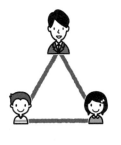

　次に，子どもたちと担任をさらに近づけてみるとどうなるでしょうか。左手の親指と人差し指の子どもたち，右手の人差し指の担任をくっつけると，右の図のように，輪ゴムは落ちてしまいます。近づいたつもりが，関係性は崩れてしまうということです。一見楽しそうでも，担任がいないとそこにつながりは残らないでしょう。

では，子どもたちをつなげ，そして，子どもたちが自分たちでつながりをつくるためには，どうしたらいいのでしょうか。それには，

担任がリーダーを降りること

が必要です。

先ほどの「輪ゴムのトライアングル」で確認してみます。初めの三角形の状態から，担任を表す右手人差し指を離してみましょう。そうすると，子どもたちを表す左手の親指と人差し指は，ぐっと近づきます。子どもたちがつながるには，担任はそっと離れていくことが必要なのです。

ただ，離れるといっても，「じゃあ，あとはよろしく」と放任・放置するのではありません。子どもたちから目を離さず，関係も切らず，そっと身を引くのです。子どもたちは，それまでに培ったつながりを動力として，担任から離れ，自分たちで動き始めます。そのときには，担任に代わって子どもたちの背中を押す存在が必要になります。それが，「リーダー」です。

（2）　2つのリーダー

子どもたちを「つながる集団」にしていくには，リーダーの存在も重要です。

しかし，ここでいう「リーダー」は，「先生の手足となれる賢い子」ではなく，

やろうぜ，やろうぜ

という，ポジティブな雰囲気をつくれる子どもです。また，もう一方で，

> **それでいいのか**

と，立ち止まらせることができるリーダーも必要です。

　前者のリーダーしかいない集団は，個々の願いを埋没させていきます。もしくは，「船頭多くして船山に上る」という状態になっていったり，リーダーが予め決めた場所にしかたどり着けなかったりする可能性があります。もちろん，目的地に辿り着けることは，とても重要なことです。

　しかし，後者のリーダーがいることで，「ちょっと待てよ」と立ち止まり，「今いる場所や目的地をもう一回見直そう」と内省して，より高い場所へと向かうことも可能になります。

　では，１年生でのリーダーの育て方はどうすればいいのでしょうか。「ポジティブなリーダー」と「立ち止まらせるリーダー」とに分けてご紹介します。

（３）　ポジティブなリーダー

①ポジティブリーダー候補を見つける

　ポジティブなリーダーは，育てるというより見つけただけでも８割は成功です。

・いつも笑っている　　　　・物おじしない

・好奇心旺盛　　　　　　　・発言がポジティブ

・挨拶の声が大きい　　　　・いつの間にか友達になっている

春休み
4月
5〜7月
夏休み
9〜12月
冬休み
1〜3月

クラスにこんな子どもがいると，「ポジティブリーダー候補見っけ」と思います。あくまで上記は私が見つける観点ですので，人によっては違いがあると思います。大事なのは，担任が「こういう子どもにリーダーになってほしい」とリーダー像を具体的に思い描いているかどうかです。

②報連相で育てる

ただ見ているだけでは「リーダー」ではなく，「ただの明るい子」で終わってしまう可能性があります。その違いは，

> そのポジティブパワーを人のために使えるかどうかどうか

だと考えます。

そこで私がしているのは，「報連相」です。職場で使う「報告・連絡・相談」とは少し違い，「報告・連携・相談」です。

> 報…「△△さんがおにごっこに入りたいけど，言い出せないみたい」
> 連…「○○さん，これちょっと手伝ってもらってもいい？」
> 相…「このワークシート，どこを直したらもっと分かりやすい？」

これらの担任の行動は「あなたを頼っていますよ」というメッセージを子どもに伝えます。人の役に立てるというのは，子どもも大人も関係なく，うれしいものです。

担任に頼りにされたことに対して，その子は一生懸命応えようとするでしょう。

「休み時間におにごっこするから，△△さんのこと誘ってみるよ」

「わかった。手伝う！」

「文字を大きくしてみるといいんじゃない」

などと，答えてくれるはずです。
　そのことに対して，

> そう言ってくれてうれしい。頼りにしているよ。
> ありがとう，助かるよ。
> なるほど！いいアイディアだね。

そんなフィードバックをしましょう。

　担任からの一言は，強化剤になります。人の役に立つことの喜びは，次も誰かの役に立とうという原動力になります。そして，役に立とうと行動した結果，担任以外からもフィードバックをもらうようになり，よりその力を高めていきます。

　驚くことに，ポジティブリーダーは次のポジティブリーダーを生み出します。リーダーは１人である必要はありません。エンジンというべきポジティブリーダーがいればいるほど，学級は活気づきます。それは，子どもたちが子どもたちの力で動く大きな力となっていきます。

③ポジティブリーダー・Ｋさんの場合
　２学期になり，学習発表会の練習が始まった頃でした。
　その日は，学年で様々な役割に振り分けたグループ練習がスタートする日でした。Ｉさんは，学級で１人だけ選ばれた役割が当たっていました。少し内気なところがあるＩさんでしたが，学年オーディションの結果，その役割を勝ち取ったのでした。しかし，「クラスから１人だけ」ということがとても気がかりなようでした。

　初めて学年全体で練習をする日のことでした。

春休み
4月
5〜7月
夏休み
9〜12月
冬休み
1〜3月

給食を食べていたIさんが「5時間目の練習に行きたくないな」とポツリとつぶやきました。一緒のグループで食べていた私は，落ち込むIさんの様子に「選んじゃって申し訳ない」と思ってしまいましたが，それを聞いていたKくんは，こう言いました。

　「Iさん！きっとそこで新しい友達ができるじゃん！がんばって！」

　一瞬，Kさんのポジティブなキラキラパワーに目がくらみそうになりましたが，Iさんはそれを聞いて，少し表情を明るくしました。とはいえ，実際に練習に行くときは不安そうだったので，私が一緒に練習場所へ行きました。

　しかし，練習が終わると，Iさんは，隣のクラスの男子と肩を組んで帰ってきました。あまりの変貌ぶりに呆気にとられましたが，Kさんは，

　「よかったね，Iさん！」
と一緒に喜んでいました。

　そんなKさんは，その後もまさしくポジティブのかたまりとなり，新しい課題に出会うたび，尻込みする子どもたちに「面白いって！やろう！」と背中を押していく存在になりました。

（4）　立ち止まらせるリーダー

①立ち止まらせるリーダー候補を見つける

　ポジティブリーダーは，1年生でも他学年でも見つけやすいです。しかし，立ち止まらせるリーダーは，子どもたちをより観察していく必要があります。なぜなら，このリーダーは表立ってリーダーシップを発揮するタイプではない場合があるからです。

　今，担任をしているクラスで，私が「この子は立ち止まらせるリーダーだな」と感じている子どもたちの共通点を探してみました。

春休み

4月

5〜7月

夏休み

9〜12月

冬休み

1〜3月

> ・相手に関わらず話を最後まで聞く
> ・気づいたことや考えたことを担任に率直に言える
> ・係や一人一役の仕事に丁寧に取り組む
> ・友達の様子をよく見ている

　見ていただくと分かるように，表立って大活躍するタイプではありません。しかし，話を聞き，仕事を丁寧に行うことができるという点で，ここぞというときに力を発揮できる子どもです。そして，往々にしてその子どもは，「自分が担任からリーダーとして見られている」ということに気づいていません。懇談会で「お子さんのことをリーダーとして，とても頼りにした2学期でした」とお話すると，「ええ？うちの子が！？」と保護者の方も驚くくらいです。

②キラッと光る場面を見逃さない
　立ち止まらせるリーダーを育てるために，担任として行うのは，

　　見逃さない

ということです。

C1：先生，今度○○のイベントします！
T　：あら，いいね。楽しみだな。
C2：うん。だから，私がこれとこれとこれを作ってきて，みんなで遊べる
　　ようにしようと思って。
T　：C2さんが全部準備するんだ。
C2：うん。
C1：C2さん，すっごく上手だもんね！

T　：なるほどね。同じ係の人たちは，それでいいの？
C3：…やっぱりC2さんが大変だと思う。C1さんと私も作る。一緒にや
　　　ろうよ。

　1年生は，発達段階的にも自分で自分のことを俯瞰することは難しいです。
しかし，担任が「それでいいの？」と問うことで，俯瞰するタイミングと視
点を得ることができます。C3さんは「それでいいの？」の問いに立ち止ま
りました。「これで仕事の分担はいいのか」という問いが，その子の中に生
まれたのです。

　そして，そのやりとりのあと，C3さんを呼びました。
　「C3さん，『一緒にやろう』って言葉，よく言えたね。なかなか言えない
言葉だと思うよ。C2さんもきっとうれしかったと思う。あなたが係にいて
くれてよかった」
　私の話をC3さんは驚きの表情で静かに聞いていました。

　立ち止まらせるリーダーは，いわば「フォロー」の立場です。ポジティブ
リーダーは先頭をきっていきますが，立ち止まらせるリーダーは，最後尾か
ら集団をよく見ているのだと思います。

　しかし，先述したように，立ち止まらせるリーダーは，自分がリーダーの
素質があると気づいていないことが多いです。大きな集団では埋もれてしま
いそうな子どももいます。
　ですが，掃除当番などの当番活動や係活動など，子どもたちで動くことの
多い小さな集団では，その動きが見やすいです。水中で小さな魚の鱗がキラ
ッと光るような，そんな瞬間を見逃さず，担任が「あなたのその行動はすご
いことなんだ」と気づかせていくことが大切です。
　「自分が行動したことで，誰かの助けになるんだ」

そう気づくことができたなら，立ち止まらせるリーダーは，これからもさらに人のために動こうとします。

③立ち止まらせるリーダー・〇さんのこと

　係活動でのエピソードです。

　折り紙係は，週1回のイベントに向けて準備をしています。そのイベントは，くじびきで「あたり」が出たら，折り紙で作った動物がもらえるので，みんな楽しみにしています。何回かイベントを経験した時に，〇さんが言いました。

　「まだ当たっていない人もいるよね。その人たち，楽しいのかな」

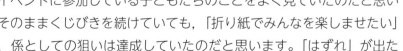

　それを聞いて，それまで「みんな楽しんでくれているね」とウキウキしていた気分は吹っ飛び，

　「どうしようか」

と，係のメンバーで顔を見合わせました。

　そして，話し合った結果，折り紙係は大人気だったくじびきと，みんなで折り紙を作って遊ぶ時間を交互に行うことになりました。私は，係の子から頼まれてコピー用紙を正方形にカットして渡しました。その紙に，好きな柄を書き込み，色を塗り，「今日はみんなでこれを作ろう」という日ができました。

　〇さんは，率先して前に出て行く子どもではありませんでした。でも，その分，イベントに参加している子どもたちのことをよく見ていたのだと思います。そのままくじびきを続けていても，「折り紙でみんなを楽しませたい」という，係としての狙いは達成していたのだと思います。「はずれ」が出た

子どもも，「あたりかな？はずれかな？」というワクワク感を味わうことはできていました。

でも，〇さんは「このままでいいのか」と立ち止まったのでしょう。立ち止まる〇さんの視線の先には，「はずれ」をひいて，「またか」と表情を曇らせたクラスメイトが映ったのかもしれません。そういう友達の思いに共感し，「もっといい方法がないか」と立ち止まれた〇さんと，その〇さんの思いに共感して「どうしようか」と立ち止まれた同じ係の子どもたちによって，新しいイベントが生み出されました。

（5）　リーダーを生かす

担任が「リーダーを降りた」ときに，「よっしゃ，やろうぜ」と表舞台に出て子どもたちを鼓舞するのはポジティブリーダーでしょう。しかし，その後ろで「これでいいのか？」と友達を見守るのは立ち止まらせるリーダーの役割になっていきます。

2つのリーダーの存在が，子どもたちを

> つながり合い，考える集団

にしていきます。

2つのリーダーは，話し合い活動でもその役割を担っています。
例えば，多数決でお楽しみ会でドッジボール大会をすることになったとします。
ポジティブリーダーは，
「よし！一緒に審判とかする人いない？」
などと，ドッジボール大会の開催に向けて動き出すでしょう。

立ち止まらせるリーダーは,

「ドッジボールが怖いっていう女子もいたよね。どうしたらみんな楽しくなるかな」

など，少数派にも目を向ける発言をするでしょう。

　2学期は，段々と子どもたちの個性が表に出てきます。

　その個性をすぐさま発揮できる子どももいれば，担任が手をひいてあげることで発揮できる子どももいます。

　担任が一歩ひいて，子どもたちに任せる場面をつくることで見えてくるもの，生まれるつながりがあります。つまり，担任がリーダーを降りるというのは，子どもたちを表舞台に出し，輝くきっかけを生むということなのでしょう。

> **まとめ**
>
> ①担任がリーダーを降りることで，子どもたち同士がつながろうとする。
>
> ②ポジティブリーダーがいることで，子どもたちは前向きに行動できる。
>
> ③立ち止まらせるリーダーがいることで，集団からこぼれ落ちる子どもをなくす。
>
> ④2つのリーダーの存在が，子どもたちを「つながり合い，考える集団」にしていく。

4 3つの共感力でつながる

　1で述べたリーダーがいれば，無条件に子どもたちはつながり合い，チャレンジできるわけではありません。チャレンジに必要なのは子ども同士の信頼関係です。子ども同士の個々の信頼関係，そして，学級全体の集団との信頼関係です。その信頼関係の源にあるのは，以下の「3つの共感力」だと考えます。

1　相手の思いを想像する	「○○さん，こう言うとどう思うかな」
2　相手の思いに寄り添う	「○○さん，困っているね」
3　相手の願いに気づく	「○○さん，手伝うよ」

　この3つの共感力を育てることができれば，子どもたちは

> 助けてほしいときに，クラスの誰かが助けてくれる

とつながりを感じ，安心することができるでしょうし，

> クラスに自分を必要とする人がいれば，喜んで動こう

と貢献することでつながろうとするでしょう。

　この共感力をどのように学ぶか。それは，1年生の場合，

> なすことによって学ぶ（Learning by doing.）

しかないと思います。これは，アメリカの教育哲学者デューイの言葉で，学

習指導要領特別活動編にも書かれています。つまり，頭で理解するのではなく，体験することで共感することを理解していくのです。そのための２つの「体験」を，これから述べたいと思います。

（1） 「聞く」体験

　共感することは，聞くことから始まると思います。友達の思いに耳を傾けることで，自分の考えとは違うことに気づいたり，思いもよらなかった友達の気持ちに気づけたりします。そうすることで，自分に何ができるかを考えたり，ネガティブな思いを抱える友達を支える行動を考えたりします。

　それは，授業場面ではなかなか体験できないので，特別活動の場面で育てることが多いです。

　例えば，クラスのよさを集めていくような花丸貯金やビー玉貯金などをしている学級は多いと思います。私のクラスでも行っています。

　日直が朝の会でお知らせした「今日のめあて」を全員が守れたら３個ビー玉を入れ，全員ではないけれどたくさんの人が守れたら１個入れます。だいたい学期に１度か２度，ビー玉貯金は満タンになるので，そのタイミングで「ビー玉まつり」というお祝いをします。

　このビー玉貯金をしている目的は，それを行っている先生たちで様々あると思います。私の場合は，ビー玉貯金がいっぱいになってから，お祝いにお祭りをすることになっているので，

　　自分たちで決めて，自分たちで実行するチャンスをつくる

ということが目的です。そして，その話し合いの中で，

　友達の思いに気づき，自分ができることを考える

ということを「体験」してほしいと思っています。

（2）　友達の上げた声に応える

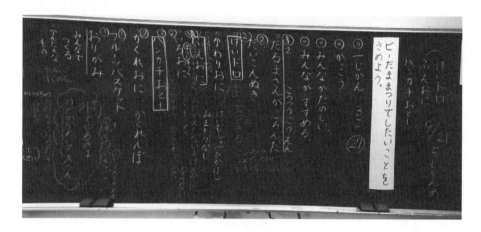

　これは，9月初旬に行った「ビー玉まつり」に関する話し合いです。
　最初に子どもたちへ示した「お祭りの条件」は，以下の4つです。

・1時間（45分）でできることを決める。
・学校でできることを考える。
・みんなが楽しいと思えるものを選ぶ。
・先生ではなく，みんなが進める。

---

①まず，「ビー玉まつり」で何をしたいか，一人一つずつ発表する。
②出された意見に対する不安などを聞き合う。
③どれをするか多数決をとる。

④誰が進行等をするか決める。

　上記の話し合いの流れで重要なのは，②です。この質疑応答によって，この話し合いは意味を成すのです。

　実際の子どもたちの話し合いの様子を再現してみます。

Ｔ　：全部で11個の遊びが出てきましたね。では，出てきた遊びの中に，心配なことや，質問したいことはありませんか？

Ｃ１：ケイドロは，好きじゃないです。

Ｔ　：どうして好きじゃないの？

Ｃ１：すぐ捕まっちゃうし，捕まったら終わりだから。

Ｃ２：大丈夫だよ。復活できるよ。タッチしてもらえばいいもん。

Ｃ３：でもさぁ，この前したとき，牢屋の前に警察がずっといて，タッチしてあげられなかったよ。

Ｃ４：じゃあ，牢屋の見守りなしにしたらいいと思う。そうしたら，タッチしやすくなるし，復活できるよ。

Ｔ　：Ｃ１さん，そういう意見出てるけど，どう？

Ｃ１：うん。それならOK。

Ｔ　：他にありますか？

Ｃ５：外でやる遊びがあるけど，まだ暑いし，熱中症になりそうで怖い。

Ｔ　：確かにまだ暑い日もあるよね。

Ｃ６：水筒持っていって，お茶飲んだらいいよ。

Ｃ７：でもさ，前に鬼ごっこしてた時，のどが渇いてお茶飲んでいたら，そこに鬼が来て，タッチされたことがあるよ。そういうの困る。

Ｃ８：それにさぁ，遊んでいると，お茶飲むの忘れちゃう時あるんだよね。

Ｃ９：あるね，あるねぇ。

Ｔ　：どうします？外で遊ぶの，怖いなって人がいますけども。

Ｃ10：熱中症対策をしっかりやるといいと思う。

Ｃ11：お茶休憩の時間を決めよう。

C12：休憩時間じゃなくて飲みたい時もあるから，その時は鬼もタッチしないでおこう。

C13：日陰は休憩ゾーンにして，そこは鬼が入れないところにしよう。

T　：色々アイディアが出てきたね。心配していた人たち，どうですか？もし多数決で外遊びが選ばれても，安心？

　このような話し合いを経て，多数決をします。

　多数決をするということは，「選ぶ」ということです。選ぶことにも責任が伴います。「誰かの意見を落とす」ということになるので，十分に話し合い，不安も何もかも出し合い，その上で多数決をします。

　多数決の様子を見ていると，手を挙げたのが自分だけだったとしても「やべっ」と手を引っ込める子どもはいません。様々な意見を出し合い，質疑応答も経て選んだ，「自分の意見」だからでしょう。

　そして，多数決の結果を「勝った」「負けた」と表現することもありません。十分に話し合った結果は「勝ち負け」ではないからです。

（3）　話し合いの後

　話し合いの結果，外でケイドロと増え鬼をし，教室に戻ってからハンカチ落としをすることになりました。その後の子どもたちのエピソードには，その話し合いで生まれた「つながり」がありました。

　「ビー玉祭り」当日，外で遊ぶ子どもたちは口々に「熱中症に気をつけよう」と声をかけ合っていました。そして，遊んでいる途中，木陰に移動した友達に「大丈夫？」と鬼の子が声をかけ，「○○さん，休んでいるからタッチなしで」と鬼同士で確認していました。それを聞いた他の子どもも「お茶ある？」と逃げながら声をかけに来たり，「先生，○○さんと△△さん，木陰にいるからね」と教えてくれたりしました。

ケイドロでは，牢屋のルール等を進行役に名乗り出た子どもたちが説明していました。いつの間にかルールや遊ぶ場所の地図を書いた画用紙も持っています。聞くと，進行役の中で文字や絵が得意な人は説明用の道具を準備し，おしゃべりが得意な子が説明役に分担したとのことでした。

　そして，多数決の結果選ばれなかった「だるまさんがころんだ」ですが，
　「ビー玉祭りではできなかったけど，今度の係活動のイベントで『だるまさんがころんだ』をやろうと思うんだよね」
という子どもが出てきました。なぜするのか尋ねると，
　「話し合いの時に，○○さんが『だるまさんがころんだ』をやりたい理由を一生懸命話していたからさぁ。まだやりたいだろうなと思って。みんなでやると楽しいし」
と答えました。
　話し合いの際に友達の思いを知り，多数決で選ばれなかったけれど「きっとやりたいんだろうな」と考え，「じゃあ，イベントでやったら喜ぶかな」と思い，係の友達に相談して実行しようとしている子ども。
　「共感すると動きたくなる」のだろうと，１年生を見ていて思います。それは，１年生ならではの素直さが為せるわざなのかもしれません。

まとめ

①共感する力を実際に行動することで学ぶ。
②友達の思いを「聞く」こと，その思いに「応える」ことで，子どもたちは友達のために動こうとする。

春休み

4月

5〜7月

夏休み

9〜12月

冬休み

1〜3月

5　学ぶ集団としてつながる

（1）「美しくない」授業でつながる

　学校生活の多くの時間は「授業」です。

　子どもたちがこの時間をどのように過ごすかは，その後の「生き方」や「自分の捉え方」にも影響を及ぼすと思います。

　担任が一斉一律にただ知識を与えるだけでは，子どもたちはつながる必要性は感じないでしょう。また，決まった子どもだけが活躍し，他の子どもが押し黙るような授業では，共感することは難しいでしょう。そんな授業で，子どもたちは何を身に付けるのでしょうか。「黙っていれば45分が終わってくれる」という忍耐力でしょうか。あるいは，「自分は授業で役に立てる人間ではない」という諦めでしょうか。

　私の授業は，まったく「美しい」ものではありません。見かけの美しさを指導する時間があるくらいなら，もっと「学ぶこと」に使いたいのです。

　授業中子どもたちには「グーペタピン」というような「よい姿勢」を強要しないので，時には，床に座っていたり，椅子に正座していたり，空いているスペースに数人集まって立っていたりします。

　また，常に誰かと話している声が聞こえます。「これ，どうやった？」「どこまで行ってる？」「ここ分かんないんだよね」「え，その方法すごいね」「あそこの掲示見るといいかな。一緒に行こうよ」など，人と関わる分だけ話し声が聞こえます。

　45分間まるまる全員が整然と座っていることもありません。グループになろうと机が授業の途中で移動することもありますし，教室を出て廊下で話し合う子どもたちもいますし，床に座って考えている子どももいます。

その時，確実に全員に共通しているのは，

> とてつもなく集中している

ということです。そして，それは担任の指示というよりも，

> 周囲の学び方に影響を受けている

という状況です。にぎやかに学習していますが，教室には「遊んでいる場合ではない」という雰囲気が満ちています。1学期はまだ小さかった渦ですが，2学期になると，少しずつその渦の1つずつが大きくなっていきます。子どもたちが友達とつながってつくるいくつもの学びの渦で，銀河を形成しているようにも思えます。

1学期同様，自分でワークシートや学び方を選ぶ授業もありますが，一斉授業も行います。しかし，その中に交流の場面を設定し，自分の考えをアウトプットすることと，より多くの友達との関わりが生まれるようにします。

1学期から続けてきた「学習の舵取り」は，2学期，学習が一段と難しくなってくる頃により効果を発揮します。2学期からは，1学期からしてきたことに加え，以下のことも加えていきます。

> ①自分の学びに気づきやすいように，学習課題は「行動目標」にする。
>   例：たし算の仕方を考えよう。
>   →たし算の仕方を説明できるようになろう。

「～しよう」「～を考えよう」だと，自分がどんなことができるようになるのかはっきりしません。授業のゴールが霞むと，そこにどのように向かえば

いいのかはっきりしないのです。

　行動目標にすると，「〜できるようになろう」「〜を解けるようになろう」「〜を書けるようになろう」と，自分が授業の後どんなことができるようになるのかがはっきりします。そうなると，「今日は○○さんとこういうことをしてみよう」「これは自分でもできそうだな。難しくなったら，○○さんや先生と相談したらいいか」と見通しができます。

---

②ノートに振り返りを書く。

　1年生の2学期は，文章も少しずつ書けるようになってきます。書けない子は，担任に直接話してもいいですし，Chromebookで振り返りを話す動画を撮ってもいいです。学習課題に○，△，×など記号をつけても構いません。大事なのは，「今日の自分の学びはどうだったか」と「自分の学びに気づくこと」です。そして，そこにどんなつながりが生まれていたかに気づくことです。

選べるワークシート（国語）

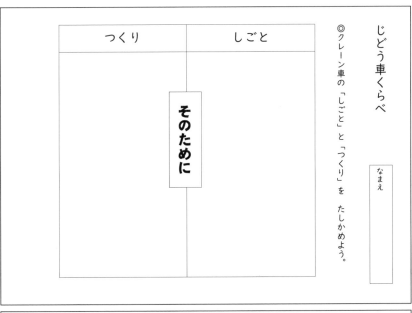

◎クレーン車の「しごと」と「つくり」を たしかめよう。

じどう車くらべ

なまえ

つくり	しごと

そのために

◎クレーン車の「しごと」と「つくり」を たしかめよう。

じどう車くらべ

なまえ

つくり	しごと

クレーン車は、

しごとを しています。

そのために

①じょうぶな うでが、

ように つくって あります。

②車たいが

ように、

が、ついています。

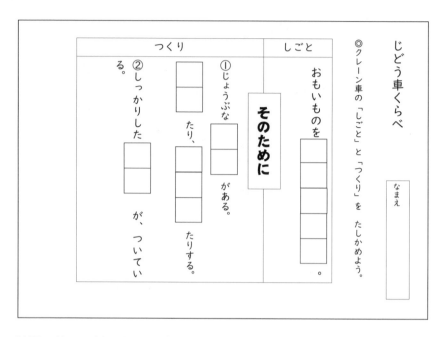

じどう車くらべ

なまえ

◎クレーン車の 「しごと」 と 「つくり」 を たしかめよう。

つくり	しごと
①じょうぶな ☐ が ある。 たり、 ☐ ☐ たりする。 ②しっかりした ☐ が、 ついている。	そのために おもいものを ☐☐☐☐ 。

練習に使う用紙を選ぶ子どもたち。（書き初め）

一通りの説明を終え「では，始めましょう」と言うと，子どもたちはすぐさま行動します。特に選べるワークシートはやる気を爆発的に引き上げます。

　ある子どもはプリントを選びに席を立ち，ある子どもは友達と一緒に学習するために机を移動させます。
　ある子どもは集中したいからと机を後ろのロッカーにくっつけて視界にあまり人が映らないようにします。
　廊下に椅子を持っていき，床に座って椅子を机代わりにグループ学習する子どもたちもいます。
　私の近くに来て「先生，これでいい？」と確認しながら進む子どももいます。それぞれが，自分が集中できる，または，学びやすいと思える環境に整えてから，その日のゴールに向かっていきます。
　そして，終了の時間になると，それまで呼吸を止めていたのかというくらい「はあぁぁ！」と一気にほぐれるのです。
　そして，口々に「先生！今日こうだったよ！」「見て見て！こんなに書けたよ！すごくない？」「今日，2人でここまでやれた」と私を聖徳太子と思っているかのように振り返りの言葉を浴びせられます。

　このように，各々が最後まで集中して自由に動けるのは，

> ### 自分の学び方を，クラスのみんなは否定しない

という確信があるからでしょう。また，別のグループに「ねぇねぇ」と質問
しに行けるのは，

> ### 自分の学びに，クラスのみんなは協力してくれるだろう

という確信があるからでしょう。

　その確信は，どこから来たのでしょうか。それは，1学期からこのような
授業の積み重ねで，子どもたちが，目に見えないつながりを肌で感じてきた
からだと思います。まさに「なすことによって学んだ」ということでしょう。

　これまでの授業は，「いかに失敗させないか」を重視し過ぎたように思い
ます。失敗させないための発問，失敗させないためのワークシート，失敗さ
せないための板書。子どもが学びに躓くことは担任としての資質を問われて
いるようでした。

　しかし，「なすことで学ぶ」過程では，子どもたちは失敗します。振り返
りを読むと，そこには子どもたちの「気づき」がたくさんあります。

　「1人じゃなくて友達とすればよかった」

「友達としたらおしゃべりしちゃったから，今度は気をつける。またおしゃべりしたら，別のグループに行くか，１人でする」

「先生と一緒にやることを選んだけど，自分でできる気がした」

「選んだ方法がうまくいかなかった。プリントを選ぶときに気をつける」

など，ノートに書かれた振り返りには子どもたちの失敗談や次にしたいことが素直に表現されています。

また，友達に関する記述も，２学期の終盤に向けて増えていきます。

「○○さんが話していたことを聞いて，解き方がひらめいた」

「文章が書けなくて困っていたら，『大丈夫？』と○○さんが話しかけてくれた」

「１人でやっていたら，○○さんも１人でやっていて，途中から相談し合った」

メタ認知はまだ難しい発達段階です。しかし，友達の学びを近くに感じながら，自分はどうかなと感じていることは間違いありません。

それらの振り返りが書かれたノート等を子どもたちに読み聞かせ終わると，こんな話をします。

T：ところで，みんな，勉強は何のためにするのか，分かる？

C：100点をとるため。

C：しないと怒られるから。

C：賢くなるから。

T：そうだね。そういう理由もあるよね。

　　先生は，みんなに，幸せになってほしいと思って，勉強を教えています。

C：どういうこと？

T：例えば，みんながこれから先，『困った』『どうしたらいいんだ』ってことに，たくさん出会うと思います。ちょっと，絵にしてみるね。

　　こんな壁にぶつかるとするよ。その時，みんながこの壁をこえる方法を

★ 春休み

🌸 4 月

💧 5〜7 月

☀ 夏休み

🍁 9〜12 月

⛄ 冬休み

🌸 1〜3 月

１つしか知らなかったら，どうなる？

C：失敗したら終わりだー。

T：そうだね。それに，この壁に向か
　　っているのが１人だったらどう？

C：えー，無理〜！

C：１人はちょっと怖いなぁ。

T：そうだよね。
　　先生は，いろんな方法…例えばハ
　　ンマーだけじゃなくて，はしごとか，そういういろんな道具を持ってい
　　ればいいと思うんだよね。ただ，１人でそんなに用意できないから…

C：友達がいればいい！

C：いろんな道具持ってきて，みんなで壁やっつける！

T：うんうん。１人でできないことも，誰かいてくれるとなんとかなるかも
　　しれないし，もしダメでも「ダメだったねぇ」って２人で肩を叩き合っ
　　て悔しがってさ。
　　勉強も同じで，学習課題が壁だとしたら，それをいろんな方法でクリア
　　していくでしょう？友達と一緒にしたり，先生に聞いたり，１人で頑張
　　る人がいたり。
　　困ったときに「助けて」って言えないのは，すごく苦しいことなんだよ。
　　だから，学校では，授業で「助けて」って言ったり，「手伝おうか」っ
　　て言ったり，「あの人，ちょっと困ってるんじゃないかな」って心配し
　　たりとか，そう言えたら，もっと幸せに生きることができるよ。
　　学校では，そういう勉強をしているんだよ。

　そんな話を，子どもたちは真剣に聞いています。この例え話は，これから
も繰り返し繰り返し話して聞かせます。

> 授業で学ぶのは，人とつながる方法
> 幸せとは，必要なときにつながりあう人がいること

１年生でも，この話はしっかり受け止めてくれます。

「こんなことが１年生にもできるのか？」と訝しがる方もいます。「できるかどうか」ではなく，それは「やらせていない」のです。そして，「できるかどうか」ではなく，「できる」ように指導していくのです。

「こんなことをする前に，１年生で教えるべきことがある」とおっしゃる方もいます。でも，その「教えるべきこと」は何年前の概念でしょうか。

子どもたちの未来は，常に更新されています。一方で，私たち教員の指導方法や教育哲学は，更新されているのでしょうか。

必要なのは，

> 変わることを恐れない

それだけです。つまり，私たちは，子どもたちのためならば，いつでも変わることができるし，変わらなければいけないのです。

まとめ

①友達の思いに耳を傾けることで，子どもたちは友達のために動きたくなる。

②授業で失敗する余地があることで，子どもたちは自分の学びに気づいたり，友達とつながろうとしたりする。

春休み
4月
5〜7月
夏休み
9〜12月
冬休み
1〜3月

所要時間5分の「のりしろ」づくり

1　3学期への「のりしろ」

　年賀状のやりとりは，子どもたちの生活からも教員の仕事からも消えつつあります。しかし，冬休み中に担任や友達とのつながりを感じることが，3学期への「のりしろ」になる場合もあります。

　そこで，端末を持ち帰っていることを利用して，クラスルーム上で年末年始の挨拶をしました。

　終業式の放課後，正面玄関にあったクリスマスツリーを持ってきて，ホワイトボードに「Merry X'mas and Happy new year」と書き，写真を撮りました。

　この時は，特にこういうことが好きな担任が集まっていたこともあり，自前のトナカイの被り物やトナカイのカチューシャ，サンタ帽を用意しましたが，なくても全く問題ありません。必要なのは，担任たちの笑顔です。

　写真を1枚撮ってアップしただけですが，子どもたちはうれしかったようで，投稿には「クリスマスにはケーキをたべました」「あけましておめでとうございます！」などの子どもたちからのコメントが書き込まれました。

春休み

4月

5〜7月

夏休み

9〜12月

冬休み

1〜3月

② ひとくふう

　始業式のお楽しみ，ということで，ホワイトボードにちょっとしたクイズを仕込みました。

　この時の干支はトラだったので，各担任でトラの絵を描きました。そして，「誰がどのトラを描いたでしょう？」と子どもたちに予想してもらいました。フォームの使い方をもう指導してあったので，フォームで回答してもらい，答え合わせは始業式にすることを伝えました。

　フォームに寄せられた答えを見ながら，担任で「意外と答えがバラつきましたね」「クラスの子が自分のを選んでいないんですよね」などと，仕事の合間に話すのも楽しいです。「きっと答えを知ったら驚くよね」と言いながら，担任としても始業式での反応をワクワクしながら年末年始の休みに入りました。

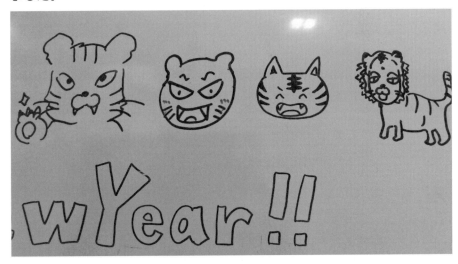

　写真やクイズなど，所要時間５分程度のささやかな冬休み中の仕掛けですが，子どもと３学期への「のりしろ」をつくったように思います。

「思い」を大事に過ごす3か月

1 話し合いの集大成

（1） 「1人」の思いにも耳を傾ける

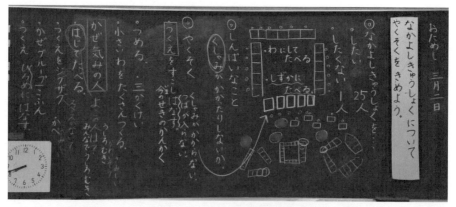

　4月から積み重ねてきた話し合い活動は，3月を迎える頃には，子どもたちの真剣さは段違いです。

　例に挙げるのは，新型コロナウィルス感染症が拡大する前のような学校生活に戻していこうという，移行期での給食についての話し合いです。
　2月に給食委員会から「いつもの給食（対面）に戻しませんか」という提案が全校に向けてありました。給食委員会では，それを「仲良し給食」と呼び，各クラスで取り組み方を任せるという提案でした。

子どもたちはまず，「したいか，したくないか」という２択の多数決をしました。「したくない」が１人で，「仲良し給食をする」ということになりましたが，そこからの話し合いに４月からの積み重ねが見えました。

Ｃ１：しない，って手を挙げたのだれだっけ？
Ｃ２：はい，オレ。
Ｃ１：どうして「しない」にしたのか教えて。
Ｃ２：今，風邪ひいてる人とか早退する人とかいるから，一緒に食べるのが
　　　少し怖い。くしゃみとか，かかりそう。
Ｔ　：そうか。そこが心配なんだね。どうする？
Ｃ３：じゃあ，約束とか決めようよ。
Ｃ４：Ｃ２さんが大丈夫と思える約束を決めたらいい。
…と，１人だけ「したくない」と答えた子どもの思いを聞き出し，その子どもの不安を解消する話し合いを続けたのでした。

　話し合いの結果，座り方を工夫することで「したくない」と答えた子どもの不安を解消できるのではないかとなりました。その座り方も様々な案が出され，そのメリット・デメリットをとことん話し合いました。
・机をジグザクに置くのはどうか。
・みんなで後ろ向きになったらどうか。
・机で三角形にしてみたらいのではないか。
・風邪ひいている人のグループを作ったらどうか。

　そして，決まったのは
・みんなの顔が見える大きな四角を机で作る。
・机はくっつけないで，少し離す。
ということでした。
　不安を訴えていたＣ２さんは，「これならやりたい」と親指で「いいね」

とサインを出し，周りの子どもたちも「やるぞー！」と嬉しそうでした。

　その後，あまりに楽しく給食時間を過ごせたからか，

　「これはお試しだから，次が本番だ」

と言い出し，2回目に向けて1回目の振り返りと2回目はどうやって食べる
かを話し合ったのでした。

（2）　「どうやって全部するか」を決めるお楽しみ会

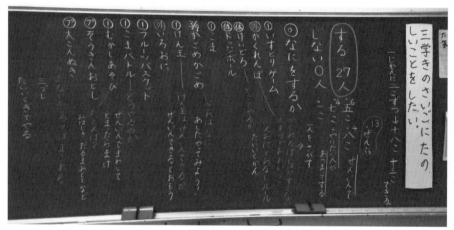

　3月に入り，子どもたちも「終わり」を意識し始めました。

　そんな中で議題に出されたのは「最後に楽しいことをしたい」というもの
でした。

　まずは全員がそれに賛成し，「なにをするか」と話し合いをしました。全
員が意見を出した結果，13個の「したいこと」が出てきました。

　質疑応答を色々とし合って，さあ，どれにしようかと多数決を取るのかと
思いきや，司会の子どもがこんな質問をしました。

C5：これは，何個するのかな。

C6：先生，何個までいいの？

T　：みんなは何個したいの？

C7：5個

C8：7個

C9：1個

C10：8個

C11：全部やりたい。だって，1年1組の最後だもん。みんなでやりたいこ
とやればいいんだよ。

C5：え！全部？

C6：先生！全部いいの？

T　：いいかどうか，みんなで決めてみようか。多数決する？

と，多数決した結果，全部やることになりました。「全部」に手を挙げなか
った子どもから，「どうやって全部やるのか分からない」という声が上がり，
その後の話し合いは，どうすれば全部できるかという流れになっていきまし
た。

　私は，「どれをやるかではなく，全員の思いを叶えるにはどうすればいい
か」とシフトチェンジしたC11さんのような考えが1年生で出てきたことに
驚きました。学級会でよく見るのは「どれをするか」という1つに絞る議題
です。しかし，合意形成というのは「1つに絞ること」ではないと，この時
の話し合いを見ていて感じました。

（3）　話し合いで身に付けたことに気づかせる

　話し合いで「一人の意見にも耳を傾ける」ということを経験してきた子ど
もたち。

　声が小さい友達には「もっと大きい声で言ってください」ではなく，自分
の耳を近づけて聞いていました。

　グループ活動で発言できずにいる友達がいたときは，それを見逃さず，
「○○さん，まだだよね。言っていいんだよ」と促すようになっていました。

春休み

4月

5〜7月

夏休み

9〜12月

冬休み

1〜3月

子どもたちは，そのような姿を少しずつ身に付けていったので，自分では変化に気づいていません。担任が，それを言語化し，話し合いの価値に気づかせていきます。

　　４月のみんなは，友達の声が聞こえないと「聞こえません」「大きい声で言ってください」と言っていましたね。でも，今はどうしているか分かりますか？（と言って写真を見せる）

　　先生は，こういう姿，とても美しいと思います。相手に変わってもらうんじゃなくて，自分がどうするかを考えているんだよね。

　　それから，グループで話し合いをすると，全員がお話できるように気をつけていましたね。筆箱をマイクにして回したり，全員話すまで２回目を待つって人もいたりしました。

　　そうやって話し合いで身に付けた力は，必ずこれからのみんなを助けてくれます。大事にしていこうね。

　2年生になって，話し合い活動を定期的にするかどうかは，担任次第です。しかし，積み重ねたこの１年で身に付けたことは，そう簡単に消えることはないと信じています。

まとめ

①最後まで話し合い活動に本気で取り組む。
②話し合い活動で身に付けたことを気づかせる。

2 6年生とのつながりに感謝する

今までたくさんお世話になった6年生。

その6年生のあたたかいつながりに感謝することは，身近な人たちとのつながりに感謝することへ必ず結びつきます。

ご紹介する実践は，2022年の卒業式がオンライン開催だったことを前提として行っています。この本が発行される時には，すべての行事が対面で行われていると思います。この実践をそのままやることは，もうないのではないでしょうか。

ただ，どんな時でも，感謝の表し方は，様々あると思います。大切なのは，形ではなく，子どもたちが「やろう，やろう！」と「前のめり」に参加できるかということです。

（1） 招待してください状

卒業式を教室のテレビ画面で見るということが決まり，1年生たちは6年生の本気の合唱や，壇上で語られる言葉が，どれだけ空気を震わせ，胸を熱くさせるのかを知らないままお別れすることになります。

4月から，1年生は6年生からたくさん愛されてきました。「あんな6年生になりたい」「卒業する前にたくさん一緒に遊ぼう」と卒業式が近づくにつれ，子どもたちの6年生への思いが高まるのを，担任みんなが感じていました。

そこで，担任で話し合い，子どもたちに提案したのが「卒業式の練習に招待してもらおう」ということでした。

T：ちょっとみんなに，提案があります。ただ，やりたくないときは，そう言ってくださいね。

C：なになに？

T：もうすぐ，6年生は卒業式ですね。みんなは，残念ながら体育館には入れません。このテレビ画面で，卒業式を見るしかないんです。

C：……。

T：先生はね，そういうのは…寂しい！やだ！

C：寂しい！私も！

C：俺も！お兄ちゃん，卒業するもん！

T：それで，考えたんだけど，卒業式当日は入れなくても，練習なら，見ることができるなと思って。

C：うん！いいね！

C：見たい！6年生，歌うって言ってた！

T：じゃあ，多数決を取ります。卒業式の練習，見たい人！！

C：はい！！！！！！！

T：全員一致ということで笑

C：パチパチパチパチ

T：でも，いくら仲良しの6年生でも，勝手に行くわけにはいかないのよ。

C：えー，どうするのー。

T：招待してもらいましょう（ニヤリ）

　　ここに「招待してください状」があります。

C：招待状じゃなくて？笑

T：これを，6年生のところへ届けるのです！

　　ただし！6年生が「いいですよ」と言うかどうかは…分かりません！

C：えええええ！！！！

　事前に6年生担任にはこの件はお願いして，快諾をもらっていました。そして，1年生がお願いしに行ったときには「どうしよっかなぁ？」と勿体ぶ

ってもらうなど，小芝居を打ってもらうことも決まっていました。

　「招待してください状」は，担任のほうでクラス分用意して，希望する子どもたちが代表して，6年生の教室へ届けました。

　6年生の教室に入るのは，立候補した子たちでさえドキドキしていましたが，「6年生さんへ」と読み始めると，6年生も真剣に子どもたちが読み上げるのを聞いていてくれました。

　そして，6年生の担任が，「え～，どうする～？」と小芝居を打とうとすると，それを遮るように「いいよ！」「おいでよ！」と即答してくれました。
　その時の嬉しそうな子どもたちの顔に，6年生も溶けそうな表情を浮かべてくれました。

教室に戻って，代表の子たちが「OKだってー！！！」と伝えると，そわそわと留守番していた子どもたちから「やったー！！！」と歓声が上がりました。

　その数日後，1年生は6年生の卒業式の練習を，体育館で見守りました。いつもニコニコしている6年生の真剣な表情に，1年生もおしゃべりをせず静かに見守っていました。

　教室に戻ると，「6年生かっこよかったね！」「また見たいね！」と，1年生はすっかり「6年生マジック」にかかっていました。
　しかし，「マジック」にかかったのは1年生だけではありませんでした。放課後，6年生の担任からは，
　「今日の練習はすごく気合いが入っていました。1年生にかっこいいところを見せようと，声も大きかったし，合唱も今まで聞いたことのない歌声だった。1年生のおかげです」
と感謝されました。
　それを次の日，子どもたちにも伝えると，ますます1年生の6年生への憧れが増幅していくのを感じました。

（2）　誰も知らない卒業式当日のサプライズ

　卒業式の練習を見て，ますます6年生への思いが高まったのを感じました。子どもたちが卒業式の日に，6年生と1度も顔を合わせられないことは，やはり寂しいようでした。

　どうにか6年生と直接会えないだろうか？ただ，当日の6年生は忙しく，教室に行ったりするのは迷惑だろう…ということで，もう一勝負かけることにしました。
　それは，

> 　誰にも内緒で，卒業式当日，廊下に並んで6年生を迎える

ということです。

　誰にも内緒なので，知っているのは1年生担任と子どもたちだけです。
　卒業式の直前，大騒ぎするわけにもいかないので，画像のようなメッセージスティックを作りました。わりばしに画用紙を貼りつけて，思い思いのメッセージを書いたものです。

　「6年生，ありがとう」
　「中学校でもがんばってね！」
　「だいすき！」
など，子どもたちが伝えたいことを書いて，それを2つずつ作りました。
　画用紙を雲の形にしたり，クレヨンでカラフルにしたり，メッセージというよりお手紙のように長い文を書いたり，どのメッセージスティックにも子どもたちが今までに築いてきた6年生とのつながりを感じました。

春休み

4月

5〜7月

夏休み

9〜12月

冬休み

1〜3月

子どもたちに見せたお手本のメッセージスティック

　卒業式当日，6年生が体育館に移動するときに通る廊下に，1年生が整列して待ちました。固唾をのんで6年生が来るのを待ちました。

　そして，いよいよ6年生が廊下に顔を見せると，一斉にメッセージスティックを手にして1年生が迎えました。先導していた6年生担任も知らなかったことでした。1年生はスーツ等に身を包んだいつもと違う6年生にドキドキしながら，「おめでとう」を伝えていました。

　1年生の頭を撫でてくれたり，「ありがとう」と言ってくれたり，中には泣き出す6年生もいました。そんな6年生の姿を，1年生は「どういたしまして」と大満足の笑顔で答えたり，「大丈夫？」と泣いている6年生を不思議そうに覗き込んだりと，様々な表情で見つめていました。

　体育館へ向かう6年生を見送った後，教室に戻り，卒業式をテレビ画面で見ました。
　テレビで見るには，長い長い卒業式でしたが，1年生は飽きずにしっかり卒業式を見ていました。子どもたちの目には，テレビの画面の中の6年生で

はなく，自分たちの花道で泣いてくれた6年生の姿が見えているんだろうと思います。

　子どもたちに，このことを通して伝えたかったのは，

> つながってくれたことに感謝をする

ということです。

　1年生は，様々な人たちから助けられて1年間を過ごします。しかし，それは当たり前のことではないのだということを，常に子どもたちには伝えます。そして，その気持ちに応えるには感謝を伝えるしかないのです。
　しかし，1年生は感謝の思いはあっても，それを伝える術をもちません。ですから，それを行動として表現させるように先導するのは，1年生の場合は担任だろうと思います。
　担任が「こんなことしてみよう」と提案してみせることが，今後の子どもたちのモデルになります。そして，楽しく感謝を伝えることができれば，「もっといろんな人に感謝を伝えたい」という気持ちが生まれます。
　6年生への感謝を伝える行動が，その後の子どもたちの「感謝を伝える行動」の礎になっていくのです。

まとめ

①子どもたちの思いが表せるように，6年生へ感謝を伝える。
②1年生には，担任が感謝の仕方を教える。

春休み

4月

5〜7月

夏休み

9〜12月

冬休み

1〜3月

3 学級じまい

（1） STEP 1：教室をリセットする〜場への感謝〜

　教室は，担任のものでも，子どもたちのものでもありません。前の１年生から受け継ぎ，次の１年生へ渡す「器」のようなものです。

　学級じまいに向け，まずはその「器」を，できるだけ美しい状態で渡せるようにします。そのために行うのは，

> 相手意識をもたせること
> 自己決定させること

という２点です。

T：この教室で，いろいろなことを一緒にしましたね。
　　４月にみんなに会ったと思ったら，もう３月なんですね。６年生は卒業して，次はみんなが２年生になります。ここから，お引越しですね。
C：次は向こうの棟の教室になるってお母さんが言ってた。
C：机も大きくなるんだって。
T：そうだねぇ。新しい教室になるの，わくわくするね。
　　問題です。次にこの教室を使うのは誰でしょう？
C：１年生！
T：そうですよね。新しい仲間がこの教室を使いますよね。
　　さて，みんなはどんな教室を使ってほしい？
C：きれいな教室がいいと思う。入学式のとき，きれいだったよ。
C：入学式に汚いのは嫌だよねぇ。
T：みんなの入学式のために，今の２年生が掃除して，卒業した６年生が飾

り付けをしてくれたんですよ。

C：本当？すごい！

T：よし。じゃあ，次の1年生のために，どんなところをきれいにします？

C：窓！

C：黒板！

…など，子どもたちは各々，きれいにしたい場所を考えるでしょう。

　担任が計画を立て，「ここをきれいにしよう」と言うのは簡単です。しかし，そこには「思い」が伴いません。

　子どもたちに「ここをきれいにしたい」と思うには，その相手が必要です。それが新年度入ってくる1年生です。そこに思いを馳せるように話をして，「あなたならどうする？」と自分事にするのです。

　子どもたちから出た「きれいにしたい場所」と，担任の考える「きれいにしたい場所」を合わせ，スケジュールを立てます。スケジュールといっても，ざっくりとしたもので，「今日は教室の真ん中より後ろ」「今日は教室の前の廊下」というような感じで，子どもたちの創意工夫が入る余白を作ります。

　ある子どもたちは，教室前の廊下にあった金具を鏡にすると言って，ピカピカに磨き上げました。

　ある子どもたちは，配線のカバーと壁の間にほこりがたまっているのを見て，家から針金を持ってきました。それを使って，カバーの隙間を掻き出して，ほこりをとっていました。

春休み

4月

5〜7月

夏休み

9〜12月

冬休み

1〜3月

全身ほこりだらけになりながら，ストーブの後ろを新品のようにした子どもや，床についた鉛筆の跡をすべて消した子ども，窓ガラスにあった古いテープの跡を何日もかけて取り去った子どももいます。

　１年生のために，そして，自分が決めたことだからという思いがあるから見られた姿です。そして，その行動の原動力には，今までたくさんの人とつながり合ってきた心地よさがあるのではないでしょうか。

（２）　STEP２：１年間を振り返る〜時への感謝〜

　１年生の１年間，子どもたちのことをたくさん撮影してきたはずです。
　その写真とともに，子どもたちとの１年を振り返ってみましょう。

Ｔ：今日は，写真で１年間を振り返ってみましょう。
　　まずは，これ！
Ｃ：あ！○○さんだ！ランドセル大きく見えるね。
Ｃ：入学式だ！
Ｔ：大きくなったねぇ。
Ｃ：俺，ランドセル重くて，帰る時ひっくり返ったんだよ笑
Ｃ：それ見た！笑
Ｔ：あったね，そういうこと笑　びっくりしたよ。もうない？
Ｃ：ないない！笑
Ｔ：じゃ，次は……これは体育館だね。
Ｃ：入学式の後で写真撮った時だ。
Ｃ：この時，先生が変なこと言ってたよね。
Ｔ：言ってないよ！
Ｃ：「は〜い，みんな笑って〜オナラぷー」って言ってた。
Ｃ：あー！言ってたー！
Ｔ：もう覚えてない！はずかしいな！笑

そんな会話をしながら，思い出話を自由にお話していくだけです。ただそれだけなのに，教室には温かい時間が流れていきます。

1つ1つの写真が，紙芝居のように，子どもたちが紡いだストーリーを甦らせていきます。

余計な演出は，特に必要ありません。子どもたちの笑顔が，何よりの演出なのです。

一通り見終えてから，子どもたちの感想を聞きます。

「入学式のとき，まだちょっと小さかった」と体の成長に気づく子どももいます。「あの時は友達が○○くんしかいなかったけど，今はいっぱいいる」と友達関係の広がりに気づく子どももいます。「入学式の写真とか，いろんなところに6年生が写っていて，うれしかった」と，上級生との交流に気づく子どももいます。「1組のみんなで，いろんなことしたんだなって思った」と，友達と過ごした日々に思いを馳せる子どももいます。

その最後に，担任としての思いを伝えます。

今，たくさんの人が手を挙げて振り返りを話してくれましたね。
この1年間，楽しくてあっという間に過ぎたけど，消えてしまったのではなくて，ちゃんとみんなの心に残っているんだなと思いました。
きっとこれからも，みんなは素敵な1年間を積み重ねていくと思います。そのみんなの貴重な1年間に，先生も一緒にいられて，とっても幸せです。ありがとう。

一緒にいられたこの1年間に感謝をして，1年生最後の日を迎えます。

（3） STEP 3：勇気づけ，手を離す最終日〜人への感謝〜

「最後の学級活動は，何をしますか？」
と，学年会などで話題になります。若い同僚に聞かれることもあります。

　私は，昨年度はギターを弾いて１曲歌いました。春らしい，美しい別れの曲です。子どもたちに歌詞の説明をし，歌い，そして，くす玉を割りました。「１年間，ありがとう」という垂れ幕が出てくるくす玉でした。

　それがいいのか悪いのか分かりませんが，その時の子どもたちの好きなことを全部詰め込んだ感じです。「先生，ギター聞きたい」「先生，くす玉割ってほしい」そんな声があれば，できれば応えたいなとは思います。最終日だからです。

　そこに「担任として」という思いは，あまりもたないようにしています。最後は子どもたちがしてほしいことをして，送り出そう。それだけです。「折り紙が欲しい」と言われれば，きっと折り紙でメダルを作って首にかけてあげるでしょう。「お手紙書いて」と言われれば，きっと全員にメッセージを書くのでしょう。全員で「花いちもんめ」をした年もありました。

　何をするかより，最後に何を話せば，この子たちは手を離すかなと考えています。

　４月。あの時は，幼稚園時代の成功体験を足場にしました。しかし，これからは違います。１年生として歩んできた１年間があります。２年生になった子どもたちを支えるのは，１年生として過ごした１年間です。そして，次の安全基地になるのは，２年生の担任です。

けれども，子どもたちは新年度に向けて不安を持っています。

「勉強は難しくなるんだろうか」

「新しい先生とはうまくやっていけるだろうか」

「友達とは変わらず仲良くできるだろうか」

その不安を受け止め，2年生へと向かう子どもたちに，何を話せばいいのかなと子どもたちの前に立つまで迷っています。

でも，迷っていても，結局どの学年の担任をしても言うのは同じです。

> あなた達のことが，大好きです。
> ずっと応援しています。1年間，ありがとう。

担任として，最後に伝えられるのは，子どもたちへの感謝と愛しかないのです。最後の日まで，担任からしっかり愛されていた，という思いが，きっと2年生の彼らの足場のひとつとなるはずです。

まとめ

①子どもたちの「思い」で，1年間過ごしてきた教室をきれいにする。

②一緒に過ごした1年間分の「思い」を言葉にし合う。

③感謝と愛を伝え，子どもたちと手を離す。

春休み
4月
5〜7月
夏休み
9〜12月
冬休み
1〜3月

隣のクラスも幸せにする

「あなたの隣のクラスの先生は，不幸だと思う」

そんなことを，以前学年を組んだ学年主任に言われたことがあります。

その当時の私は，「ああ，すみません」と返事をしながら，心の中では「なんでこんなこと言われないといけないんだ」「これから１年間この主任と一緒に学年を組むのか…」と溜め息をついていました。

でも，その年，私はその言葉の意味を痛感しました。隣の学年主任のクラスが崩壊したのです。学年主任のクラスは担任も持ち上がりで，崩壊するとは全く思われていませんでした。

一方，私が担任していたのは，前の年に学級崩壊したクラスでした。学級崩壊後のクラスをもつのはこれまでもありましたが，その年は異動してきたばかりで，子どもたちとのつながりを作ることで精一杯だった私は，学年主任のクラスの様子にあまり関心をもっていませんでした。しかし，思い返せば様々な予兆がありました。

・主任のクラスの子たち，掃除をしなくなってきた。

・給食の片付けが雑になってきている。

・けんかが増えてきた。

・休み時間が終わっても帰ってこない子たちがいる。

それを私は，「私の方が大変」と言い訳をして，見て見ぬふりをして自分のクラスだけを見ていたのでした。

もしかすると，それまでも私は「見て見ぬふり」をしてきたのかもしれません。「他のクラスが大変でも，自分のクラスがよければいい」それを学年主任は見抜いていて，私に教えてくれたのでしょう。

　「独りよがりな実践は，張りぼてなのだ」

　そういう意味が，最初の言葉には含まれていたのだと，今なら分かります。

> 　もし，あの時，経験年数やクラスの垣根を越えて，同僚と手を取り合っていたら，状況は変わっただろうか。

　そんな問いから，「学級経営」とは何かを学び始めました。

　初任時代，「掲示物には，担任の『学級経営』が見えるよ。だから，研究授業では，発問等だけでなく掲示物なども見てきなさい」と先輩教員に言われ，「学級経営って，掲示物のことかぁ」と本気で思っていた私は，その数年後「学級経営」の教育書を読んで「掲示物じゃない」と衝撃を受けました。

　つながるということが，本書のテーマです。

　かつて「隣のクラスを不幸にする」と言われた私は，つながることの大切さを痛いほど理解しました。子どもたちをつなげるには，同僚もつながっていかなければならないのです。

　私は今，学年主任として全てのクラスを幸せにしたいと思っています。同じ学年の同僚たちとつながり，学年の子どもたちとつながり，もちろん，クラスの子どもたちともつながり。そして，これを読んでいるあなたとも。だからこそ，同僚に話しかけるように，子どもたちにつながる力をつけるための取り組みや子どもとのやりとりをなるべく詳細に記し，読まれた方がすぐに実践しやすいようにしました。

　一緒に手を取り合い，子どもたちの「つながる力」を信じて実践していきましょう。

あ と が き

　のちに「東日本大震災」と呼ばれる地震が起きた際，私は揺れる学校の中で同僚と手を取り合っていました。

　揺れが収まるどころか大きくなり，「ここにいては危ない。外へ出よう」と主任の声が聞こえ，揺れる足元によろめきながら校舎の外へ這い出ました。
　ポップコーンのように跳ねる近隣の家屋の屋根瓦，ドミノのように倒れているブロック塀，水槽を左右に揺らしたかのように水が溢れるプール，しなって揺れるグラウンドのナイター照明。目の前の光景が現実のものだと理解することができませんでした。
　死の恐怖を感じる信じられない揺れと聞いたこともない地鳴りの中，同僚と繋いでいた手のぬくもりだけが「生きている」と感じることができた唯一のものでした。

　現在の子どもたちの生きている世界は，私が想像していた世界と全く違います。きっと，さらに想像を超えた世界へと続いているのでしょう。しかし，その世界でも必ず，そして今以上に必要なのは，「つながる力」であることは間違いありません。なぜなら，誰も予測できなかったあの震災後の日々で，人とのつながりが自分を生かしてくれたと知っているからです。名前も知らない者同士も手を取り合い，明日が見えない中で暮らしていたあの日を知っているからです。「生きる」という1つの目標に向かい，それぞれを思いやり，励まし合っていました。まるで，大きな共同体に包まれ，生かされているような感覚でした。

人は弱い生き物です。未知であるほど，困難であるほど，必要なのはリアルな人とのつながりなのです。

　この本は，「つながる力」がテーマです。お話をいただいた際，真っ先に思い浮かんだ光景は，冒頭のシーンでした。あの日は，私の教育哲学を大きく変化させた日でもありました。

　生きているだけで尊い。子どもたちにつけるべき力を，私は今まで見誤っていたのではないか。「子どもたちが幸せな人生を歩むこと」それこそが，教育を志す原点だったはずなのに。

　その後も，自分の進むべき道を見失ったり，関係づくりに四苦八苦したりしました。でも，「そこじゃないよ」「こっちだよ」と導く人たちが側にいました。私の実践は，自分だけのものではなく，その時に私とつながってくれていた全ての人たちと織りなしてきたものだと感じています。

　この本に携わり，書き上げるまでにも，温かい手がいくつも差し伸べられました。赤坂先生をはじめ執筆陣の皆さんからは，原稿を共有するたびにコメントと励ましで勇気をいただきました。編集部の及川さんには，いつも丁寧に対応していただき，安心して書き進めることができました。深く感謝申し上げます。

　そして，この本を手に取ってくださったあなた。例え実際お会いしたことはなくても，私とあなたには，この本を通じてつながりができました。これからも続く教師修行で，こんなに心強いことはありません。これからも一緒に，たくさん失敗しましょう。きっと，立ち上がるたびに，あなたの周りには手を貸してくれる仲間が増えていきます。

　私と手をつないでくださり，ありがとうございました。

北森　恵

【著者紹介】

赤坂　真二（あかさか　しんじ）

1965年新潟県生まれ。上越教育大学教職大学院教授。学校心理士。ガイダンスカウンセラー・スーパーバイザー。日本学級経営学会（JACM）共同代表理事。19年間の小学校勤務では，アドラー心理学的アプローチの学級経営に取り組み，子どものやる気と自信を高める学級づくりについて実証的な研究を進めてきた。2008年4月から，これから現場に立つ若手教師の育成，主に小中学校現職教師の再教育にかかわりながら，講演や執筆を行う。

［著書］

『個別最適な学び×協働的な学びを実現する学級経営』（明治図書，2022年）

『指導力のある学級担任がやっているたったひとつのこと』（明治図書，2023年）　他多数

北森　　恵（きたもり　めぐみ）

1977年富山県生まれ。宮城教育大学大学院修了。富山県公立小学校教諭，手話通訳者。宮城県公立小学校教諭，聾学校教諭を経て，現職。

［著書］

『クラスを最高の笑顔にする！学級経営365日　困った時の突破術　低学年編』（明治図書，2020年）　他多数

人間関係形成能力を育てる
学級経営365日ガイドブック　1年

2024年3月初版第1刷刊	©著者	赤　坂　真　二
		北　森　　　恵
	発行者	藤　原　光　政
	発行所	明治図書出版株式会社

http://www.meijitosho.co.jp

（企画）及川　誠（校正）安田皓哉

〒114-0023　東京都北区滝野川7-46-1
振替00160-5-151318　電話03(5907)6703
ご注文窓口　電話03(5907)6668

＊検印省略　　　　　組版所　長野印刷商工株式会社

本書の無断コピーは，著作権・出版権にふれます。ご注意ください。

Printed in Japan

JASRAC 出 2308571-301

ISBN978-4-18-372127-3

もれなくクーポンがもらえる！読者アンケートはこちらから　→